Le Coran et la culture grecque

OUMAR SANKHARÉ

Le Coran et la culture grecque

L'Harmattan

Du même auteur

La nuit et le jour. Récit, Saint-Louis, Editions Xamal, 1997.
L'état d'urgence Roman, Saint-Louis, Editions Xamal, 1998.
La vallée des larmes. Roman, Thiès, Editions Khadimal Moustapha, 1998.
Youssou Ndour le poète. Essai, Dakar, Nouvelles Editions Africaines, 1998.
Notes sur Ethiopiques de Léopold Sédar Senghor. Essai, Saint-Louis, Editions Xamal, 1999.
Réflexions sur la culture grecque. Essai, Montella (Italia), Editions Vivarium Novum, 1999.
Youssou Ndour artiste et artisan du développement. Essai, Dakar, Les Editions du Livre Universel, 2002.

5-7, rue de l'École-Polytechnique ; 75005 Paris

http://www.librairieharmattan.com
diffusion.harmattan@wanadoo.fr
harmattan1@wanadoo.fr

ISBN : 978-2-336-30436-6
EAN : 9782336304366

ا سُوْرَةُ الكهف

بِسْمِ ٱللهِ ٱلرَّحْمَـٰنِ ٱلرَّحِيمِ

ٱلْحَمْدُ لِلَّهِ ٱلَّذِىٓ أَنزَلَ عَلَىٰ عَبْدِهِ ٱلْكِتَـٰبَ وَلَمْ يَجْعَل لَّهُۥ عِوَجَا ۜ (١) قَيِّمًا لِّيُنذِرَ بَأْسًا
شَدِيدًا مِّن لَّدُنْهُ وَيُبَشِّرَ ٱلْمُؤْمِنِينَ ٱلَّذِينَ يَعْمَلُونَ ٱلصَّـٰلِحَـٰتِ أَنَّ لَهُمْ أَجْرًا حَسَنًا (٢)
مَّـٰكِثِينَ فِيهِ أَبَدًا (٣) وَيُنذِرَ ٱلَّذِينَ قَالُوا۟ ٱتَّخَذَ ٱللَّهُ وَلَدًا (٤)

Sourate de la Caverne

« Au nom d'Allah, le Clément, le Miséricordieux.

1. Louange à Allah qui a fait descendre sur Son Serviteur le Livre, et n'y a point introduit d'ambiguïté !

2. Un livre d'une parfaite droiture pour avertir d'une sévère punition venant de sa part et pour annoncer aux croyants qui font de bonnes œuvres qu'une belle récompense sera pour eux

3. Où ils demeureront éternellement

4. Et pour mettre en garde ceux qui disent : « Allah s'est attribué un enfant ».

À tous les collègues de l'université Cheikh Anta Diop de Dakar et à tous les amis qui m'ont apporté leurs contributions et leurs encouragements pour la réalisation de ce travail.

Toute ma gratitude à :

- Mme Mame Sow Diouf, Chef du département de Lettres Classiques
- M. Djibril Samb, Professeur Titulaire au Département de Philosophie.
- M. Alioune Diop, Chef du département d'Arabe
- M. Amadou Diallo, Maître de Conférences au département d'Arabe
- M. Le Doyen Abou Touré, ancien professeur à l'Ecole Normale Supérieure de Dakar
- M. Abdellatif Idrissi, enseignant-chercheur à l'université de Montpellier III
- M. Dominique Avon, Professeur à l'université du Maine.
- M. Jean-Pierre Voisin, Doyen honoraire de l'Inspection générale des Lettres de la République Française, qui m'a initié au latin et au grec.
- Madame Anne Lebeau, mon ancien professeur de grec à l'Ecole normale supérieure de Saint-Cloud et à la Sorbonne.
- M. Jean Métayer, mon ancien professeur de grec à la Sorbonne.
- M. Gilbert Dagron, Administrateur honoraire du Collège de France, mon directeur de thèse.

À tous les hommes de culture

Aperçu sur la vie mystique de Cheikh Abdoul Aziz Sy Dabakh

J'ai rencontré pour la première fois notre Cheikh en 1954. Nous voyagions côte à côte dans l'autorail qui nous menait de Dakar à Saint-Louis. Les présentations faites par des parents et amis communs, nous nous sommes mis, tout au long du trajet, à nous entretenir de philosophie antique et du Coran.

Il a commencé par évoquer Platon et Lucrèce avant d'en venir au Coran. J'ai été agréablement surpris de la culture, des qualités d'esprit et de cœur de cet homme de Dieu qui n'était pas encore Khalife général des Tidjanes.

Mon interlocuteur connaissait parfaitement le Phédon *de Platon, dialogue dans lequel celui-ci traite de l'immortalité de l'âme. Il m'a confirmé que Platon était un des initiés et qu'il connaissait le Nom Suprême* (Ismou Lâhil Ahzam). *Ses vues sur le matérialisme de Lucrèce, qui a donné droit de cité, à Rome, à la philosophie grecque, étaient bien venues et témoignaient d'une réflexion profonde, d'un esprit alerte, soucieux d'exactitude et de logique.*

Les critiques fondées, bien étayées, renvoyaient à des références à la lettre et à l'esprit du Coran. Par exemple, pour nuancer les propos de Platon sur l'immoralité de l'âme, il a cité fort opportunément le verset dans lequel Allah-Exalté soit-Il dit au Prophète (PS) :« On t'interrogera sur le roûh (l'âme), réponds que c'est l'affaire de mon Seigneur ».

Les hypothèses spécieuses de Lucrèce sur la création sont également réduites à néant par les attributs d'Allah dans le Coran -khaliq, Bâriou, Mouçawir- *et les versets relatifs à l'omnipotence divine.*

Amadou SAMB
Ancien Professeur de Lettres classiques
Ancien président du Conseil d'Aministration
de l'Institut Islamique de Dakar
In *Le Quotidien* No 519, 15 septembre 2004, p. 9.

L'Occident s'est toujours imaginé que le Coran était un produit étranger à la civilisation hellène. Et pourtant, le texte fondateur de l'islam, lu rationnellement selon l'injonction de l'Ange Gabriel, apparaît comme une mine de richesses tirées de la culture gréco-latine. Un helléniste qui ouvre le Livre Saint est aussitôt frappé par l'abondance des éléments grecs qui fourmillent dans les versets. Les récits mythologiques et historiques, les textes littéraires et philosophiques, les éléments philologiques et rhétoriques, tout le message divin semble être habillé du manteau des Grecs.

Toutefois, plus d'un millénaire d'obscurantisme a enseveli la grécité coranique dans les décombres d'une exégèse d'obédience idéologique, voire politique. Le texte coranique a été emmuré dans un espace clos par des théologiens dogmatiques et souvent incultes. Puis ce furent des princes hérétiques qui, en intelligence avec des confréries dynastiques, ont réussi à travestir la parole de Dieu pour justifier leurs ambitions politiques et assurer leur fortune matérielle. Ainsi, tous les savoirs islamiques ont été cadenassés dans une citadelle dénommée Tradition et de laquelle nul n'est autorisé à se libérer sous peine d'être anathématisé. Youssef Sedikk, dans son ouvrage intitulé *Le Coran, autre lecture, autre traduction*, déclare à ce propos :

> *« En percevant à tort le texte fondateur de l'islam comme le produit d'une autochtonie étrangère à la gréco-romanité de l'Europe, les savants occidentaux et les auteurs arabes et musulmans formés à cette incompréhension ont ignoré une ratio arabe et islamique au sens occidental et actuel de ce*

> *terme. Ils ont sauté par-dessus des siècles de grands penseurs classiques qui ont tenté de lire autrement le Coran, en le ponctuant autrement, retrouvant des significations tout autres que celles convenues et qu'on échange, telle monnaie usée en silence. Ces penseurs ont cherché à sauver la pensée lisible dans ce grand texte de la trivialité de l'exégèse institutionnelle et à la rendre aux auteurs d'une pensée de la transcendance divine, d'une réflexion sur l'histoire et sur la condition humaine se reconnaissant des plus grands moments de la créativité du monde. En leur temps, ils ont effrayé leurs contemporains, ils effrayent encore les nôtres ».*

Au moment où l'Occident parle de choc de civilisations entre le christianisme et l'islam, il devient urgent de démontrer que la religion de Mohamed est celle qui a le plus cultivé les lumières de la culture grecque. Le temps est maintenant révolu de laisser aux prétendus religieux le soin de théoriser des inepties sur le Coran qui représente l'un des plus beaux chefs-d'œuvre de la littérature universelle. La compréhension de la Révélation exige la maîtrise d'une culture encyclopédique qui n'a rien à voir avec l'étroitesse d'esprit des gestionnaires de l'islam plus préoccupés par l'édification de leurs palais que par celle de leurs fidèles.

Il est temps que le musulman sache que le Coran a affranchi les croyants de toute médiation et de toute chapelle. Il faut désormais émanciper le croyant en l'orientant vers une lecture personnelle du message de Dieu. Sous nos cieux, bon nombre de musulmans se contentent de réciter les versets au lieu de les lire avec un esprit critique. L'ordre de l'Ange Gabriel n'est nullement destiné au seul Prophète mais à toute la communauté des humains.

Sur les traces du Tunisien Yousseph Seddik, un pionnier remarquable à qui nous rendons un hommage admiratif et respectueux, nous nous proposons de « pister » les traces de la culture grecque dans le Coran. Notre démarche sera pluridisciplinaire en tant qu'elle intègrera la mythologie, l'histoire, la littérature, la philosophie, la philologie et la rhétorique. Tous ces domaines de l'hellénisme seront interrogés dans notre étude pour étudier l'apport des concitoyens de Platon et d'Aristote au monde arabo-islamique. Ainsi, de nombreuses apories sur lesquelles bute encore le discours exégétique officiel pourraient être résolues par le recours à la Grèce.

Pour ce faire, nous avons réexaminé le Coran avec un esprit neuf dégagé des pseudo-certitudes de la féodalité « maraboutique » et de la falsification de l'histoire de l'islam perpétrée par l'Occident qui s'est efforcé d'oublier son héritage arabe dans la transmission et l'enrichissement du legs hellène. Nous avons revisité la « Sourate de la Caverne » en parcourant le texte de l'allégorie de la Caverne de la *République* de Platon et le *Roman d'Alexandre* du Pseudo-Callisthène. Nous avons relu les mythes coraniques en les confrontant avec les récits des mythographes anciens. Homère et les Tragiques grecs nous ont rappelé le pouvoir de Salomon sur les génies, le sacrifice d'Abraham, l'engloutissement de Coré dans les profondeurs de la terre. Même le lexique et la syntaxe de l'arabe coranique ont été convoqués comme les témoins de l'hellénité arabo-musulmane.

Certes, l'on pourrait parler d'emprunts ou de coïncidences ! Il n'en est rien, vu le grand nombre de caractères communs aux deux cultures qui ont puisé sans aucun doute à la même source. Il est significatif que le Coran se présente comme un « *dhikr* », un rappel. N'est-ce donc pas la mémoire de l'antiquité gréco-latine que restitue le Message d'Allah ?

Chaque fois que nous retournerons à la Grèce pour montrer la similitude entre les cultures hellène et arabo-musulmane, il ne s'agira nullement pour nous de prétendre que la Grèce en est l'origine. Certains faits de civilisation se perdent dans la nuit des temps et appartiennent souvent à des ères culturelles et cultuelles beaucoup plus anciennes, comme l'Egypte pharaonique. Souvent, la Grèce ne représente qu'un relai dans la longue chaîne de transmission des civilisations. Le Coran aurait accueilli et recueilli des rites et des mythes provenant des Ecritures saintes chrétiennes ou judaïques qui forment les maillons les plus récents de la chaîne mais dont l'origine est beaucoup plus lointaine. Par exemple, le mythe de la Genèse existe dans les mythologies de tous les pays. Le jugement dernier des âmes apparaît déjà en Egypte dans *Le Livre des morts.* Et il est indiscutable que bon nombre de récits et de mythes coraniques sont directement issus de la Bible sans que celle-ci en soit le point de départ. Pour preuve, l'apparition à Thomas de Jésus qui lui demande de toucher ses plaies pour se convaincre de son identité n'est qu'une reprise de la scène de reconaissance d'Ulysse par sa nourrice Euryclée que raconte l'*Odyssée* d'Homère.

En effet, le plagiat est une notion moderne. Même si cette pratique existait, elle était acceptée ou du moins tolérée chez les Anciens. Reprendre ce que les devanciers ont publié était la marque d'une vaste culture dont se glorifiaient les écrivains. C'est pourquoi, il est difficile de savoir quel est l'archétype de tel ou tel récit. Nous nous sommes volontairement limité à la Grèce, car nul n'ignore le grand mouvement de traduction des textes grecs qui avait été entrepris par les Arabes sous Al-Mamun et les Califes abbassides. Mais, bien avant cette époque, les Arabes s'étaient déjà familiarisés avec la culture grecque qui constitue indéniablement une des sources les plus importantes du Coran. Historiquement et géographiquement, l'islam s'est développé à l'intérieur des pays arabes situés dans l'Empire romain d'Orient et à une époque où le grec en était la langue officielle. Bien avant l'avènement de la religion musulmane, l'Arabie a été un grand centre commercial par où s'effectuaient les échanges entre l'Inde et l'Occident. Avec la présence romaine en Orient, du IIe siècle avant J-C. au VIe siècle après J-C., des villes prospères ont vu le jour au débouché des routes caravanières. Ainsi, au moment où Mohamed recevait la *Révélation*, la culture grecque constituait le socle même sur lequel était bâtie la civilisation arabe. Déjà, les penseurs grecs étaient connus dans tout l'Empire byzantin. Malheureusement, un courant obscurantiste s'est ingénié à distiller l'idée d'un monde vierge d'apports culturels extérieurs. Même l'Envoyé de Dieu a été taxé d'illettré par suite d'une interprétation fallacieuse du Coran qui parle plutôt d'un Prophète de la « Umma », de la communauté.

Extirper ces déformations et ces déviations semble être l'exigence de l'islam moderne trop longtemps instrumentalisé au service d'ambitions partisanes. Tel est le droit chemin dans lequel nous demandons que Dieu nous guide, le chemin de ceux qu'Il a comblés de faveurs, non pas de ceux qui ont encouru Sa colère ni des égarés.

Traditionnellement, le Coran représente le recueil des paroles divines révélées au prophète Mohamed par l'intermédiaire de l'ange Gabriel. Cette Révélation que les exégètes situent à partir de 610 après J-C., à la Mecque, se serait poursuivie à Médine avec l'Hégire en 622 et aurait pris fin à sa mort en 632.

En réalité, l'histoire du Coran est complexe, car sa composition s'étend sur trois siècles. Certes Bukhari (IXe siècle après J-C.), auteur du célèbre corpus de « hadith » connu sous le nom de *L'Authentique* (Al sahih), prétend que la recension du Coran commencée par le premier Calife Abubakr (632-634), continuée par le second Omar (634-644), se serait définitivement achevée sous le troisième Othman (644-656).

I. Les premiers manuscrits du Coran

Or, il a été établi historiquement que, jusqu'au Xe siècle, ce travail de collecte a été mené par les savants sous l'autorité des princes. Othman a effectivement tenté d'imposer, comme Coran officiel, une collection d'écrits réalisés à partir d'un document conservé par Hafsa, fille d'Omar, veuve du prophète. C'est probablement cette affaire qui est à l'origine du conflit ayant opposé le troisième Calife aux partisans d'Ali, gendre du prophète, qui s'efforça lui aussi de proposer son Coran.

Ce qui était reproché à Othman, c'était d'avoir brûlé les textes coraniques concurrents des siens en raison de versets favorables à Ali qu'il aurait voulu retrancher.

Sous le Califat de Ali (656-661), il fut lancé l'idée que seul le texte de ce Calife contenait le Coran intégral, fidèle en tous points aux Révélations faites par Dieu au prophète Mohamed. Cette revendication entraîna l'avènement du Chiisme, doctrine des partisans d'Ali qui contestent le Coran d'Othman.

La vérité est que, dans ce Moyen Âge arabe, toute l'histoire religieuse est déterminée par l'histoire politique. L'assassinat d'Ali et la prise du pouvoir par Muawiya (661-680) marquent le début de la dynastie des Omeyyades. Sous le règne de ce dernier, Marwan Ibn al Hakam, cousin germain d'Othman, fut pendant quelque temps gouverneur de Médine. C'est lui qui interdit la circulation de toutes les variantes coraniques autres que les textes officiels adoptés par Othman.

A la mort de Muawiya, c'est Yazid Ier (680-684) qui lui succèda. Ensuite, Marwan (684-685) accéda au Califat. Après son règne qui fut très court, son fils Abd al-Malik (685-705) hérita du trône. C'est l'époque où le savant Al-Hajjâj Ibn Youssouf stabilise les écrits coraniques revus, corrigés et augmentés. Sous Al Mahdi (775-786), un codex coranique, envoyé à Médine, fut substitué à celui de Al-Hajjâj. Alfred Louis de Prémare, dans son ouvrage intitulé *Aux origines du Coran,* invoque le témoignage de deux écrivains du VIIIe siècle à propos des controverses qui avaient cours sur le Coran. En effet, comme le montrent ces auteurs, le Coran ne formait pas un seul et unique livre. Un moine de Beth-Habé appelé tantôt Bahira, tantôt Sergios, tantôt Sergios Bahira, s'adressant à un musulman, écrit :

> *« Je crois que pour vous également vos lois et prescriptions ne sont pas toutes dans le Quran que Mohamed vous a enseigné. Il vous en a enseigné certaines dans le Quran et d'autres dans la Surat Al-baqara (l'écrit de "La vache") ». (Prémare (A.L.). Aux origines du Coran Collection Tétraèdre 207 p.).*

Le second témoignage nous vient d'un historien byzantin, Jean Damascène, qui, vers 735, rédigea en grec un traité sur

Les hérésies où il parlait du livre de Mouhamed et de nombreux écrits indépendants comme « La Femme », « La Table », « La Vache ». Il évoqua surtout une sourate dénommée « La chamelle de Dieu ». Or, si une telle sourate n'existe pas dans le *Coran* actuel, son contenu figure bien de manière dispersée dans les sourates (Damascène *Les hérésies* P6 XCIV, 764-773). C'est dire donc qu'un siècle après la disparition du Prophète, circulaient encore de nombreux textes coraniques disparates et différents. Il faudra attendre l'an 878 après JC., soit 246 ans après sa mort, pour avoir le premier manuscrit complet du Coran. Il s'agit du Coran d'Amajur en Syrie qui porte l'indication de sa date de recension. Toutefois, le Xe siècle coïncide avec l'achèvement du travail de sélection et d'arrangement des textes coraniques. Il se constitue, dans la première moitié de ce siècle, un Coran unique et officiel qui abolit tout autre manuscrit. Quant à l'impression du premier livre du Coran, elle date seulement de la fin du XVIIIe siècle. Enfin, en 1923, fut adoptée la version égyptienne du Coran comme la référence universelle.

II. Les recensions du Coran

A la disparition du prophète, une profusion de recensions appelées « lectures » virent le jour. Ibn Mujâhid reconnaissait 7 « lecteurs » qui représentaient « les lecteurs canoniques » du huitième siècle après J.C. :

-Ibn Amîn de Damas
-Ibn Kathir de la Mecque
-Asum de Kufa
-Abu Amr Ibn Al-Alâ de Basra
-Hamza de Kufa
-Nâfi de Médine
-Al-Kisâ'î de Kufa.

3 autres « lecteurs» furent ensuite reconnus par Ibn Mujahid :

-Abu Jafar Al-Mahzûmî de Médine

-Yaqûb Al-Hadramî de Basra
-Halaf de Kufa.

Enfin 4 lecteurs furent ajoutés aux premiers :
-Al-Hassan de Basra
-Ibn Muhaysin de la Mecque
-Al-Anas de Kufa
-Al-Yazdi de Basra-Bagdad.

Il s'ajoute à cette situation que les sourates du Coran ont été classées arbitrairement du plus long au plus court, indépendamment de l'ordre chronologique de la *Révélation.* Quant à la répartition du corpus coranique entre sourates mecquoises et sourates médinoises, elle ne date que du Xe siècle. Pire encore, cette classification ne fait pas l'unanimité entre les érudits.

Selon la tradition, la sourate « Lis » est considérée comme la première et la « Fâtiha » (l'ouverture) comme la cinquième. Or, la sourate qui est considérée comme la première, et qui serait donc antérieure à l'institution de la prière rapportée lors du voyage céleste, évoque curieusement un différend entre le Prophète et les Mecquois qui ne pouvaient supporter ses prières !

Plus grave encore, la prétendue cinquième sourate qui est récitée dans les prières à chaque « raka » (génuflexion) n'aurait pu être révélée qu'au tout début, sinon les premiers musulmans auraient été obligés d'accomplir leurs prières sans prononcer la « Fâtiha » !

III. Les variantes coraniques

Les textes coraniques qui circulaient dans l'Arabie étaient si nombreux et si divergents qu'il a fallu reconnaître officiellement une seule référence. Des anecdotes savoureuses étaient colportées à propos du *Coran.* Le gouverneur de Bassora Abu Mûsa, dont le texte avait été écarté par Uthmân (Othman), a affirmé qu'on lui avait fait « oublier » une sourate qui commençait par la glorification de Dieu. Dans le Coran actuellement en usage, la glorification de Dieu concerne les Sourates 57, 59, 61, 62, 64 qui commencent par « Sabbaha » (que soit glorifié). Il aurait également « oublié » une autre sourate qui ressemblait par son contenu et sa longueur à la sourate 9 actuelle (*at-tawba -Barâ'a-*, le désaveu). Un indice de l'existence de cette sourate supprimée est que la sourate 9 comporte deux titres : « Le désaveu », « Le repentir ». Curieusement, il ne se trouve aucune trace de ces deux textes dans le Coran actuel.

La recension d'Ibn Masûd de Kufa est encore plus étrange. Ce contemporain d'Othman possédait un Coran dont il manquait la sourate d'ouverture, la « Fâtiha », et les deux dernières sourates qu'il considérait comme des prières étrangères au texte coranique (sourates 1, 113 et 114). En outre, plusieurs variantes caractérisent ce Coran, relativement à l'orthographe, au lexique et à la syntaxe. On sait par exemple que les points appelés diacritiques ne figuraient pas sur les lettres. Ce qui entraînait de nombreuses confusions entre b, t, s ou entre t (t emphatisé) et z (z emphatisé) ou entre f et q. Dans ces premiers textes, ni les voyelles brèves, ni les voyelles longues n'étaicnt toujours notées. Il va sans dire que cette orthographe favorisait grandement la multiplication des variantes. Souvent, certains termes y sont changés de sorte que le sens en devient complètement différent du texte coranique actuel très souvent infléchi dans le sens chiite ! Ainsi, dans la sourate 3 « La famille d'Imran » (verset 33),

> *« En vérité, Dieu a élu Adam, Noé, la famille d'Abraham et d'Imran parmi les hommes » a été entièrement modifié dans le Coran d'Ibn Masûd qui proclame : « En vérité, Dieu a élu Adam, Noé, la famille d'Abraham et celle de Mouhamed ». (Jeffery Arthur, Matérials for the history of the text of the Quran. Leyde, The Old codices, 1937, p.32).*

Il s'agit là visiblement d'un hadith malencontreusement interpolé dans le texte coranique. Ubbay, un autre contemporain d'Othman, gardait un Coran où la sourate 61 avait été amputée au verset 6 du nom du Prophète. Ainsi, le verset LXI, 6 « *un envoyé qui viendra après moi dont le nom sera Ahmad* » était devenu chez Ubayy « *un envoyé dont la communauté sera la dernière des communautés* » (Jeffery Arthur, *Materials*, p.170).

A cela s'ajoute la question de l'abrogation de versets et des changements dont parle le texte coranique lui-même (16, 101). Les débats ne manquent pas non plus dans le *Coran* qui tournent souvent en polémique sur le poète non arabe qui serait l'auteur des sourates (XVI, 105) ou sur des versets jugés interpolés 25, 30 : « *Et le Prophète dit : vraiment, Seigneur, mon peuple a pris ce Coran pour chose de rebut* ».

En définitive, dans l'histoire de la rédaction du Coran, il est impossible d'ignorer le contexte politique, comme le note fort justement Prémare (*Aux origines du Coran,* p.90) :

> *« Cette mise en place progressive (du Coran) eut lieu dans un contexte politique marqué par ce que les auteurs musulmans appellent « la grande épreuve »(al-fitna), à savoir les conflits violents et la guerre civile enclenchés par l' assassinat d'Othman en 656, la prise du pouvoir par les Omeyyades à Damas en 660, puis l'assassinat d'Ali à Kufa en 661, la mort violente de son fils Husayn et des membres de sa famille à Karbala en 680, et enfin la naissance des schismes kharyite et chiite. L'écriture du Coran n'en sortit sans doute pas indemne ».*

Première partie

Mythologie

Le *Coran* est rempli de récits merveilleux qui, pour la plupart, se rapportent à la mythologie grecque. Intimement liées à la structure du Message divin, les légendes anciennes confèrent aux Sourates une valeur mystique en tant qu'elles constituent des paraboles qui éclairent les mythes et sacralisent les rites. Dernier Livre Saint révélé de l'humanité, le texte coranique représente le reflet de l'imaginaire universel. Somme de toutes les sagesses antérieures et extérieures, le Coran retrace l'odyssée de l'esprit humain à travers les siècles et sous tous les cieux. Dieu s'est en effet toujours adressé aux hommes et aux peuples depuis la création. Il n'est donc pas étonnant que le Coran contienne le récit de mythes grecs et latins et l'exposé de rites religieux anciens.

Chapitre premier

Les mythes grecs

Comme la Bible, le Coran retrace la genèse et la marche de l'humanité jusqu'à la fin des temps. Chacune de ces époques se trouve illustrée par un ensemble de mythes à caractère étiologique.

1) Le Déluge

L'arche que Noé construisit pour échapper au déluge est mentionnée dans les Sourates XXXVII, 75 et 79 « As-Safat » (Les rangées) et LXIX, 11 « Al Haqqah (Celle qui montre la vérité) » :

وَلَقَدْ نَادَانَا نُوحٌ فَلَنِعْمَ ٱلْمُجِيبُونَ

« Noé, en effet, fit appel à Nous qui sommes le Meilleur Répondeur. » (XXXVII, 75).

سَلَٰمٌ عَلَىٰ نُوحٍ فِى ٱلْعَٰلَمِينَ

« Paix sur Noé dans tout l'Univers. » (XXXVII, 79).

إِنَّا لَمَّا طَغَا ٱلْمَآءُ حَمَلْنَٰكُمْ فِى ٱلْجَارِيَةِ

« C'est Nous qui, quand l'eau déborda, avons chargé sur l'Arche. » (LXIX, 11)...

Pour les Grecs, Deucalion et son épouse Pyrrha furent les seuls survivants du Déluge déclenché par Zeus, le roi des dieux.

Dans la mythologie grecque, Deucalion était le fils de Clyméné ou de Célaeno. Sa femme Pyrrha était née d'Epiméthée et de Pandore. Quand Zeus, irrité contre les hommes de l'âge de bronze à cause de leurs vices, décida de les exterminer, il produisit un grand déluge pour les noyer. Deux justes furent épargnés. Ce furent Deucalion et Pyrrha qui construisirent une arche dans laquelle ils se réfugièrent, sur les conseils de Prométhée. Après avoir flotté durant neuf jours et neuf nuits au-dessus des eaux, ils finirent par aborder en Thessalie.

De même que la mythologie grecque exclut de l'Arche le fils du couple Deucalion-Pyrrha, de même le Coran en écarte le fils maudit de Noé (XI, 40) :

حَتَّىٰٓ إِذَا جَآءَ أَمْرُنَا وَفَارَ ٱلتَّنُّورُ قُلْنَا ٱحْمِلْ فِيهَا مِن كُلٍّ زَوْجَيْنِ ٱثْنَيْنِ
وَأَهْلَكَ إِلَّا مَن سَبَقَ عَلَيْهِ ٱلْقَوْلُ وَمَنْ ءَامَنَ ۚ وَمَآ ءَامَنَ مَعَهُۥٓ إِلَّا قَلِيلٌ

« Charge dans l'Arche un couple de chaque espèce, ainsi que ta famille, à l'exception de celui contre lequel la parole a été déjà proférée… »

2) La légende de Coré

Dans les Sourates XXVIII, 76-81 « *Al Qasas, Le récit* » et XXIX, 39-40 « *Al-Ankabût, L'araignée* » se trouve l'histoire d'une personne fortunée du nom de Qârûn (Coré). A cause de son orgueil, Allah le punit en l'engloutissant dans la terre. Or, comme le précise le *Coran,* il aurait pu vivre heureux dans ce bas-monde et dans l'au-delà :

وَٱبْتَغِ فِيمَآ ءَاتَىٰكَ ٱللَّهُ ٱلدَّارَ ٱلْأَخِرَةَ ۖ وَلَا تَنسَ نَصِيبَكَ مِنَ ٱلدُّنْيَا ۖ وَأَحْسِن كَمَآ
أَحْسَنَ ٱللَّهُ إِلَيْكَ ۖ وَلَا تَبْغِ ٱلْفَسَادَ فِى ٱلْأَرْضِ ۖ إِنَّ ٱللَّهَ لَا يُحِبُّ ٱلْمُفْسِدِينَ

« (Dieu dit à Coré) : Et dans ce qu'Allah t'a donné, aspire ardemment à la demeure ultime mais ne néglige pas ta part de cette vie présente. Et sois bienfaisant comme Dieu t'a été bienfaisant et ne recherche pas le désordre sur terre.Dieu, vraiment, n'aime pas les fauteurs de désordre. » (XXVIII, 77).

Etrangement, il existe dans la mythologie grecque un personnage appelé Coré aussi et qui fut également englouti dans les profondeurs terrestres.Il s'agit de la jeune Coré, fille de Déméter, la déesse des céréales. Hadès, le dieu de la terre, qui l'aimait passionnément, l'enleva et l'engloutit au sein de son domaine souterrain. La mère de Coré, qui s'était plainte de l'enlèvement de sa fille auprès de Zeus, obtint que celle-ci vécût une partie de l'année ici-bas sur terre et l'autre dans l'au-delà sous terre.

3) Le mythe de Tantale

Examinons à présent ce verset de la Sourate XIII, 14 « Ar Rad (Le tonnerre) » :

لَهُۥ دَعۡوَةُ ٱلۡحَقِّۖ وَٱلَّذِينَ يَدۡعُونَ مِن دُونِهِۦ لَا يَسۡتَجِيبُونَ لَهُم بِشَيۡءٍ إِلَّا كَبَٰسِطِ
كَفَّيۡهِ إِلَى ٱلۡمَآءِ لِيَبۡلُغَ فَاهُ وَمَا هُوَ بِبَٰلِغِهِۦۚ وَمَا دُعَآءُ ٱلۡكَٰفِرِينَ إِلَّا فِي ضَلَٰلٍ

« Ils sont semblables à celui qui étend ses deux mains vers l'eau pour la porter à sa bouche, mais ne parvient jamais à l'atteindre. »

L'allusion contenue dans cette comparaison est relative au mythe grec de Tantale. Admis à la table des dieux, il avait dérobé le nectar et l'ambroisie, boisson et nourriture divines, pour les faire goûter aux mortels et avait servi à ses hôtes la chair de son fils Pélops qu'il venait d'égorger. Tantale fut condamné à un supplice éternel. Plongé dans un lac sous des arbres chargés de fruits, il était cependant tiraillé par la faim et la soif. En effet, l'eau et les branches se retiraient chaque fois qu'il voulait les saisir.

4) Le mythe de Sisyphe

Un autre châtiment rapporté par le Coran de manière voilée concerne Sisyphe :

LXXIV, 16-17

كَلَّآ إِنَّهُۥ كَانَ لِأَيَٰتِنَا عَنِيدًا . سَأُرْهِقُهُۥ صَعُودًا

« Nullement ! Car il reniait nos versets avec entêtement. Je vais le contraindre à gravir une pente. »

Le mythe de Sisyphe qui a été rendu célèbre par le philosophe français Albert Camus se retrouve avec plusieurs versions dans les œuvres des mythographes grecs. Selon la version la plus connue, Sisyphe avait dénoncé Zeus lorsqu'il enleva une fille du nom d'Egine. Celui-ci, furieux, lui imposa comme châtiment de rouler éternellement un énorme rocher en remontant une pente. Lorsque le rocher parvenait au sommet, il retombait, emporté par son propre poids, et la tâche recommençait éternellement.

5) La lutte des dieux pour le Pouvoir

Les dieux grecs se sont affrontés plus d'une fois pour la conquête du pouvoir. C'est à ces combats entre les dieux du Panthéon grec que ferait allusion la Sourate XVII « *Le voyage nocturne* » :

قُل لَّوْ كَانَ مَعَهُۥٓ ءَالِهَةٌ كَمَا يَقُولُونَ إِذًا لَّٱبْتَغَوْاْ إِلَىٰ ذِى ٱلْعَرْشِ سَبِيلًا

« Dis : "S'il y avait des dieux à côté de Lui, comme d'aucuns le disent, ils auraient alors cherché ardemment à s'attaquer au Détenteur du Trône céleste". » (XVII, 42).

De fait, pour devenir le Roi Suprême des dieux, Zeus dut mener de nombreux combats contre certains d'entre les Immortels.

Cronos, de peur d'être détrôné par ses fils, les avalait dès leur naissance. Son épouse Rhéa, craignant que l'enfant qu'elle avait conçu ne subît le même sort que ses frères, alla accoucher sur les hauteurs boisées du mont Ida en Crète. Alors naquit Zeus. Pour tromper le père, la mère langea une grosse pierre que celui-ci pensa être son rejeton et qu'il dévora. Une fois qu'il eut atteint l'âge adulte, Zeus aspira au pouvoir que détenait son père. Pour cela, il lui donna à avaler une drogue grâce à laquelle il fut contraint de vomir tous ses enfants qu'il avait engloutis. Avec ses frères et ses sœurs ressuscités, Zeus attaqua Cronos et les Titans dans une guerre qui dura dix ans. Après la victoire sur leur père, les enfants se partagèrent son pouvoir. Poseidon obtint la Mer, Hadès le Monde souterrain et Zeus le Ciel avec la prééminence sur tous les autres dieux.

Mais bien vite, Zeus dut lutter contre les Géants que Gaia, la Terre, avait excités contre lui pour avoir enfermé ses fils, les Titans, dans le Tartare, à la suite de leur défaite.

La dernière épreuve subie par Zeus fut le combat contre Typhon, un monstre qui tenait de l'homme et de la bête. A la place des doigts, il possédait cent têtes de dragons. De la ceinture jusqu'en bas, il était entouré de serpents. Son corps était pourvu d'ailes et ses yeux lançaient des flammes. La lutte contre ce monstre valut à Zeus d'être fait prisonnier et d'être mutilé. Mais celui-ci en sortit vainqueur. Ces mythes démontrent que le Pouvoir suscite toujours des ennemis.

6) La création de l'homme

Par ailleurs, après le Déluge, Deucalion et Pyrrha, les deux survivants, souhaitaient avoir des compagnons. Il leur fut ordonné de jeter par-dessus leurs épaules les ossements de leurs mères. D'abord effrayés devant cette impiété, ils finirent par comprendre qu'il s'agissait de pierres, les os de la terre qui est la mère universelle. Donc Deucalion et Pyrrha lancèrent, par-dessus leurs épaules, des pierres qui devinrent respectivement des hommes et des femmes. Cette création de l'homme à partir de la terre est plusieurs fois évoquée dans le Coran :

هُوَ ٱلَّذِى خَلَقَكُم مِّن طِينٍ ثُمَّ قَضَىٰٓ أَجَلًاۖ وَأَجَلٌ مُّسَمًّى عِندَهُۥۖ ثُمَّ أَنتُمْ تَمْتَرُونَ

« C'est lui qui vous a créés d'argile. Puis, il a décrété un terme désigné chez Lui. Et cependant, vous vous mettez à douter (VI, 2) ! »

فَٱسْتَفْتِهِمْ أَهُمْ أَشَدُّ خَلْقًا أَم مَّنْ خَلَقْنَآۚ إِنَّا خَلَقْنَٰهُم مِّن طِينٍ لَّازِبٍ

« Demande-leur donc s'ils sont plus difficiles à créer que ceux que nous avons créés. C'est bien Nous qui les avons créés d'argile compacte. » (XXXVII, 11).

Il en est de même des versets suivants qui confirment la création de l'homme à partir de la boue : VII, 12 ; XV, 28, XXXVIII, 71, 76 ; LXXXII, 7.

7) Le mythe de la première femme

Le mythe de la femme fatale à l'homme existe aussi bien chez les Grecs que dans le Coran. « La Sourate des Femmes, An-Nisa IV, 1 » montre que Dieu a créé la Femme à partir de l'Homme. Mais c'est dans la Sourate II qu'est relatée la chute d'Adam et de son épouse qui aurait eu pour nom Hawa.

La tradition raconte que c'est Hawa qui, aveuglée par Satan et poussée par la curiosité, persuada son époux de goûter au fruit de l'arbre défendu. De fait, la racine du nom « hawâ » renvoie au fait de tomber, à la chute, à la déchéance. Le verbe de la Xe forme « istahwâ » signifie « séduire », « faire perdre la raison sous l'effet de la passion ». C'est ainsi que la première femme, dans l'islam, a causé la ruine de l'humanité.

Pareille conception se retrouve dans la mythologie grecque où Pandore, la première femme, est le substitut de Hawa. Mariée à Epiméthée, elle ouvrit par curiosité une jarre qui contenait les maux. Alors tous les malheurs se répandirent sur l'humanité. Seule l'Espérance, qui se trouvait au fond de la boîte, ne put s'échapper car Pandore avait refermé le couvercle.

Une autre version rapporte que la boîte de Pandore renfermait non des maux mais des biens. Dès que celle-ci l'ouvrit par curiosité, tous les biens s'envolèrent à l'exception de l'espoir qui était resté au fond du récipient. Dans les deux civilisations, hellène et arabo-islamique, la femme est perçue comme le fléau de l'humanité.

8) Les sept dormants

Le récit coranique des sept dormants recoupe également la légende d'Endymion. Celui-ci avait inspiré une violente passion à la Lune appelée Sélènè. Comme Zeus, à la demande de son amante, lui avait promis la réalisation de son vœu le plus cher, il choisit de dormir d'un sommeil perpétuel avec son chien en restant éternellement jeune, comme dans le Coran :

سَيَقُولُونَ ثَلَٰثَةٞ رَّابِعُهُمۡ كَلۡبُهُمۡ وَيَقُولُونَ خَمۡسَةٞ سَادِسُهُمۡ كَلۡبُهُمۡ رَجۡمَۢا بِٱلۡغَيۡبِۖ
وَيَقُولُونَ سَبۡعَةٞ وَثَامِنُهُمۡ كَلۡبُهُمۡۚ قُل رَّبِّيٓ أَعۡلَمُ بِعِدَّتِهِم مَّا يَعۡلَمُهُمۡ إِلَّا قَلِيلٞۗ فَلَا
تُمَارِ فِيهِمۡ إِلَّا مِرَآءٗ ظَٰهِرٗا وَلَا تَسۡتَفۡتِ فِيهِم مِّنۡهُمۡ أَحَدٗا

« Ils dirent : "ils étaient trois et le quatrième était leur chien". Et ils diront en conjecturant sur leur mystère qu'ils étaient cinq, le sixième étant leur chien et ils diront : "sept, le huitième étant leur chien". Dis : "Mon Seigneur connaît mieux leur nombre. Il n'en est que peu qui le savent". Ne discute à leur sujet que d'une façon apparente et ne consulte personne en ce qui les concerne. » (XVIII, 22).

Toutefois, le Coran présente le récit d'un homme que Dieu fit dormir pendant cent ans avant de le ressusciter. Mais à la différence d'Endymion et des sept dormants, ce dernier avait son âne :

أَوۡ كَٱلَّذِي مَرَّ عَلَىٰ قَرۡيَةٖ وَهِيَ خَاوِيَةٌ عَلَىٰ عُرُوشِهَا قَالَ أَنَّىٰ يُحۡيِۦ هَٰذِهِ ٱللَّهُ
بَعۡدَ مَوۡتِهَاۖ فَأَمَاتَهُ ٱللَّهُ مِاْئَةَ عَامٖ ثُمَّ بَعَثَهُۥۖ قَالَ كَمۡ لَبِثۡتَۖ قَالَ لَبِثۡتُ يَوۡمًا أَوۡ
بَعۡضَ يَوۡمٖۖ قَالَ بَل لَّبِثۡتَ مِاْئَةَ عَامٖ فَٱنظُرۡ إِلَىٰ طَعَامِكَ وَشَرَابِكَ لَمۡ يَتَسَنَّهۡۖ
وَٱنظُرۡ إِلَىٰ حِمَارِكَ وَلِنَجۡعَلَكَ ءَايَةٗ لِّلنَّاسِۖ وَٱنظُرۡ إِلَى ٱلۡعِظَامِ كَيۡفَ
نُنشِزُهَا ثُمَّ نَكۡسُوهَا لَحۡمٗاۚ فَلَمَّا تَبَيَّنَ لَهُۥ قَالَ أَعۡلَمُ أَنَّ ٱللَّهَ عَلَىٰ كُلِّ شَيۡءٖ
قَدِيرٞ

« Ou comme celui qui passait par un village désert et dévasté : "Comment Allah va-t-il redonner la vie à celui-ci après sa mort ?" dit-il. Allah donc le fit mourir et le garda pendant cent ans. Puis il le ressuscita en disant : "Combien

de temps es-tu demeuré ainsi ?". "Je suis resté un jour, dit l'autre, ou une partie d'une journée". "Non, dit Allah, tu es resté cent ans. Regarde donc ta nourriture et ta boisson : rien ne s'est gâté ; mais regarde ton âne... Et pour faire de toi un signe pour les gens, regarde ces ossements, comment nous les assemblons et les revêtons de chair". Et devant l'évidence, il dit : "Je sais qu'Allah est Omnipotent". » II, 259.

Tous ces récits soulignent la toute-puissance de la Divinité capable de faire mourir et de ressusciter les créatures.

9) Les trois Moires

Dans la mythologie grecque, il existe trois sœurs appelées les Filandières (Parques chez les Latins). Elles étaient trois déesses qui présidaient au cours de la vie humaine : Clotho, Lachésis et Atropos. Clotho filait, Lachésis dévidait et Atropos coupait le fil. Clotho supervisait la naissance, Lachésis l'existence et Atropos la mort. Le Coran semble présenter des personnages mythologiques identiques :

« Avez-vous vu Al-Lât et Al-Uzzâ et Manat l'autre, la troisième ? »

La tradition considère ces versets comme sataniques parce que le Prophète aurait évoqué ces divinités païennes qui étaient alors adorées en Arabie.

10) Les anges et les créatures extraordinaires

Même les dieux et les monstres de la mythologie grecque sont repris dans l'islam. C'est ainsi que Pégase, le Cheval ailé, a comme double Al Bouraq qui aurait transporté le Prophète (Paix et Salut sur lui) dans son Voyage Nocturne.

Hermès, le messager de Zeus, aurait comme répondant l'archange *Djibril* (XIX, *Marie*), tandis que l'ange de la mort occuperait les mêmes fonctions que le dieu grec Thanatos (La Mort), et Azrafil, chargé de bouleverser l'Univers au jour du Jugement, remplacerait Poseidon, le dieu grec des tremblements de terre. Du reste, le Coran même confirme cette présence de « mythes anciens » en plusieurs passages :

XVI, 24 Les abeilles ;
XXV, 5 Le discernement ;
XXVII, 67-68 Les fourmis.

Les mythes coraniques, mythes anciens (*asâtirul-awwalîn*), à l'instar des mythes platoniciens, fonctionnent comme des allégories. Ils représentent une explication spirituelle de l'ordre cosmique et un rappel (*Zikr*) de la mémoire de l'humanité.

En effet, Dieu s'est toujours adressé à l'humanité à travers l'Histoire. Son message qui prescrit le bien et qui proscrit le mal reste éternellement identique, même s'il existe quelques petites divergences dans les formes.

CHAPITRE II

LES MYTHES ROMAINS

La mythologie romaine a été calquée sur celle des Grecs. Toutefois, il existe des récits légendaires qui se rapportent à des personnages spécifiquement latins et dont on trouve les doubles dans le texte coranique.

1) La naissance de Romulus et Rémus

Les deux jumeaux sont considérés comme les fondateurs de Rome. Leur mère, la Vestale Réa Silvia, qui était restée Vierge, devint enceinte des œuvres du dieu Mars. Lorsque son oncle Amulius vit qu'elle était en état de grossesse, il l'accabla de reproches et la mit en prison. Réa a été parfois considérée comme ayant reçu les honneurs de l'apothéose.

Il va sans dire que ce mythe correspond au modèle de Marie, la Vierge, qui a mis au monde Jésus après avoir été fécondée par le souffle divin :

وَمَرۡيَمَ ٱبۡنَتَ عِمۡرَٰنَ ٱلَّتِيٓ أَحۡصَنَتۡ فَرۡجَهَا فَنَفَخۡنَا فِيهِ مِن رُّوحِنَا وَصَدَّقَتۡ
بِكَلِمَٰتِ رَبِّهَا وَكُتُبِهِۦ وَكَانَتۡ مِنَ ٱلۡقَٰنِتِينَ

« Et Marie, la fille d'Imran qui avait préservé sa virginité. Nous insufflâmes alors de Notre Esprit en elle. Elle avait déclaré véridiques les paroles de son Seigneur ainsi que Ses Livres : elle fut parmi les dévoués. » (LXVI, 12).

La Vierge Marie jouit d'une grande considération chez les musulmans, à l'instar de Réa qui a été divinisée. Marie est en effet la seule femme nommément citée dans le Coran tandis que chez les chrétiens, elle est vénérée comme la Mère de Dieu.

2) Le fratricide

La légende des deux enfants de Réa, Romulus et Rémus, pourrait également être mise en parallèle avec celle des fils d'Adam. Nous savons par la *Bible* que c'est Caïn qui tua Abel, ce qui est confirmé par le Coran :

۞ وَٱتۡلُ عَلَيۡهِمۡ نَبَأَ ٱبۡنَيۡ ءَادَمَ بِٱلۡحَقِّ إِذۡ قَرَّبَا قُرۡبَانٗا فَتُقُبِّلَ مِنۡ أَحَدِهِمَا وَلَمۡ يُتَقَبَّلۡ
مِنَ ٱلۡأٓخَرِ قَالَ لَأَقۡتُلَنَّكَۖ قَالَ إِنَّمَا يَتَقَبَّلُ ٱللَّهُ مِنَ ٱلۡمُتَّقِينَ
فَطَوَّعَتۡ لَهُۥ نَفۡسُهُۥ قَتۡلَ أَخِيهِ فَقَتَلَهُۥ فَأَصۡبَحَ مِنَ ٱلۡخَٰسِرِينَ

> *« Et raconte-leur en toute vérité l'histoire des deux fils d'Adam. Les deux offrirent des sacrifices ; celui de l'un fut accepté et celui de l'autre ne le fut pas. Celui-ci dit : "Je te tuerai sûrement", "Allah n'accepte, dit l'autre, que de la part des pieux"... Son âme l'incita à tuer son frère. Il le tua donc et devint du nombre des perdants. » (V, 27, 30).*

Le meurtre primordial d'Abel, tué par son frère Caïn, qui ouvre la *Genèse* et qui symbolise l'installation de l'humanité sur terre a été transposé à Rome avec le meurtre de Rémus qui marque la fondation de Rome sur le Palatin.

3) Le sacrifice de Curtius

Il s'agit d'une légende étiologique destinée à expliquer l'origine de nom du Lac Curtius. La terre s'était ouverte une fois au milieu du Forum durant le premiers temps de la République. Comme les Romains n'arrivaient pas à combler le gouffre avec du sable, ils recoururent à un oracle qui déclara qu'il fallait y jeter ce que Rome avait de plus précieux. Un jeune homme du nom de M. Curtius comprit que ce que son pays avait de plus précieux était sa jeunesse. Il décida donc de s'immoler pour le salut de la patrie en descendant dans l'abîme. Ainsi, il se dévoua aux dieux souterrains et la terre se referma sur lui, laissant seulement un petit lac qui porta le nom de Lacus Curtius.

Il est évident que ce récit correspond à l'histoire de Coré que Dieu châtia en l'engloutissant dans la terre. Toutes les deux légendes tentent de démontrer que le dévouement à la divinité est beaucoup plus profitable que les richesses les plus précieuses. Le sacrifice de Curtius représente une « *devotio* » (dévotion) dans la religion romaine, c'est-à-dire un acte de sacrifice accompli pour le salut de la communauté. Quant à la punition de Coré, elle apparaît comme une parabole destinée à l'édification spirituelle des croyants :

وَقَٰرُونَ وَفِرْعَوْنَ وَهَٰمَٰنَ ۖ وَلَقَدْ جَآءَهُم مُّوسَىٰ بِٱلْبَيِّنَٰتِ فَٱسْتَكْبَرُوا۟ فِى
ٱلْأَرْضِ وَمَا كَانُوا۟ سَٰبِقِينَ (٣٩) فَكُلًّا أَخَذْنَا بِذَنۢبِهِۦ ۖ فَمِنْهُم مَّنْ أَرْسَلْنَا عَلَيْهِ
حَاصِبًا وَمِنْهُم مَّنْ أَخَذَتْهُ ٱلصَّيْحَةُ وَمِنْهُم مَّنْ خَسَفْنَا بِهِ ٱلْأَرْضَ وَمِنْهُم مَّنْ
أَغْرَقْنَا ۚ وَمَا كَانَ ٱللَّهُ لِيَظْلِمَهُمْ وَلَٰكِن كَانُوٓا۟ أَنفُسَهُمْ يَظْلِمُونَ

« De même, nous détruisîmes Coré, Pharaon et Hâman. Alors que Moise leur apporta des preuves, ils s'enorgueillirent sur terre. Et ils n'ont pas pu nous échapper. Nous saisîmes donc chacun pour son péché : Il y en eut sur qui nous envoyâmes un ouragan ; il y en eut que le cri saisit ; il y en eut que nous fîmes engloutir par la terre ; et il y en eut que nous noyâmes. Cependant, Allah n'est pas tel à leur faire du tort ; mais ils ont fait du tort à eux-mêmes. » (XXIX, 39-40).

Les deux personnages, Curtius et Coré, ont subi le même sort, car ils ont été engloutis par la terre.

4) Le dieu Terminus

Terminus est une vieille divinité romaine dont la chapelle était située sur le Capitole, à l'intérieur même du temple de Jupiter. Ainsi, lors de la construction du temple de Jupiter Optimus Maximus, sur le Capitole, tous les dieux qui se trouvaient sur l'emplacement acceptèrent de se retirer au profit du maître des Dieux, à l'exception de Terminus. On fut obligé d'installer son sanctuaire à l'intérieur du temple. Mais, comme Terminus ne pouvait se dresser que sous le ciel, une ouverture fut pratiquée dans le toit pour son usage exclusif.

Un tel récit rappelle étrangement l'histoire d'Iblis qui désobéit à Dieu et refusa de quitter l'espace divin bien qu'on l'en eût chassé. Le délai qui lui a été accordé ressemble à la concession faite à Terminus d'avoir une petite ouverture personnelle :

وَلَقَدْ خَلَقْنَـٰكُمْ ثُمَّ صَوَّرْنَـٰكُمْ ثُمَّ قُلْنَا لِلْمَلَـٰٓئِكَةِ ٱسْجُدُوا۟ لِـَٔادَمَ فَسَجَدُوٓا۟ إِلَّآ إِبْلِيسَ
لَمْ يَكُن مِّنَ ٱلسَّـٰجِدِينَ. قَالَ مَا مَنَعَكَ أَلَّا تَسْجُدَ إِذْ أَمَرْتُكَ ۖ قَالَ أَنَا۠ خَيْرٌ مِّنْهُ
خَلَقْتَنِى مِن نَّارٍ وَخَلَقْتَهُۥ مِن طِينٍ . قَالَ فَٱهْبِطْ مِنْهَا فَمَا يَكُونُ لَكَ أَن تَتَكَبَّرَ
فِيهَا فَٱخْرُجْ إِنَّكَ مِنَ ٱلصَّـٰغِرِينَ . قَالَ أَنظِرْنِىٓ إِلَىٰ يَوْمِ يُبْعَثُونَ . قَالَ إِنَّكَ
مِنَ ٱلْمُنظَرِينَ . قَالَ فَبِمَآ أَغْوَيْتَنِى لَأَقْعُدَنَّ لَهُمْ صِرَٰطَكَ ٱلْمُسْتَقِيمَ . ثُمَّ
لَـَٔاتِيَنَّهُم مِّنۢ بَيْنِ أَيْدِيهِمْ وَمِنْ خَلْفِهِمْ وَعَنْ أَيْمَـٰنِهِمْ وَعَن شَمَآئِلِهِمْ ۖ وَلَا تَجِدُ
أَكْثَرَهُمْ شَـٰكِرِينَ . قَالَ ٱخْرُجْ مِنْهَا مَذْءُومًا مَّدْحُورًا ۖ لَّمَن تَبِعَكَ مِنْهُمْ لَأَمْلَأَنَّ
جَهَنَّمَ مِنكُمْ أَجْمَعِينَ

Nous vous avons créés, puis nous vous avons donné une forme, ensuite nous avons dit aux Anges : « Prosternez-vous devant Adam ». Ils se prosternèrent à l'exception d'Iblis qui ne fut point de ceux qui se prosternèrent. Et Allah de lui dire : « Qu'est-ce qui t'empêche de te prosterner quand je te l'ai commandé ? ». Il répondit : « Je suis meilleur que lui. Tu m'as créé de feu, alors que tu l'as créé d'argile ». Allah dit : « Descends d'ici, tu n'as pas à t'enfler d'orgueil ici. Sors, te voilà parmi les méprisés ». « Accorde-moi un délai, dit Iblis, jusqu'au jour où ils seront ressuscités ».
Allah dit : « Tu es de ceux à qui un délai est accordé » : « Puisque tu m'as mis en erreur, dit Iblis, je m'assoirai pour eux sur Ton droit chemin.
Puis je les attaquerai par devant, par derrière, par leur droite et par leur gauche. Et, pour la plupart, tu ne les trouveras pas reconnaissants ». « Sors de là », dit Allah, banni et rejeté. Quiconque te suit parmi eux..., de vous tous, j'emplirai l'Enfer (Al-Araf VII, 11-18).

5) La légende de Tarchétios

Il s'agit d'une variante de la naissance de Romulus et Rémus. Tarchétios était un roi d'Albe. Un oracle lui révéla qu'une jeune fille devait être fécondée par une divinité pour mettre au monde un enfant qui aurait une vie glorieuse. La proposition fut donc faite à l'une de ses filles qui, par pudeur, délégua l'une de ses servantes. Lorsque le roi découvrit le tour que sa fille lui avait joué, il voulut mettre à mort et la princesse et la servante. Mais, par la suite, il se ravisa et attacha les deux coupables à un tabouret de fileuse en leur promettant de les libérer et de les donner en mariage quand elles auraient achevé la tâche qu'il leur avait confiée. Le travail qu'elles accomplissaient le jour était défait la nuit par d'autres servantes, à l'instar de Pénélope. Deux jumeaux naquirent de cette union extraordinaire et furent confiés à un certain Tératios qui les exposa sur les bords du Tibre. Une louve les allaita et, devenus grands, ils massacrèrent leur grand-père.

Deux légendes ont été fondues dans ce récit : le mythe fondateur de Rome et la ruse de Pénélope.

En effet, les jumeaux n'ont pas de père humain. Leur naissance relève de la puissance de la divinité comme le montre le Coran dans l'Immaculée Conception de Marie :

وَٱذْكُرْ فِى ٱلْكِتَٰبِ مَرْيَمَ إِذِ ٱنتَبَذَتْ مِنْ أَهْلِهَا مَكَانًا شَرْقِيًّا . فَٱتَّخَذَتْ مِن
دُونِهِمْ حِجَابًا فَأَرْسَلْنَآ إِلَيْهَا رُوحَنَا فَتَمَثَّلَ لَهَا بَشَرًا سَوِيًّا . قَالَتْ إِنِّىٓ أَعُوذُ
بِٱلرَّحْمَٰنِ مِنكَ إِن كُنتَ تَقِيًّا . قَالَ إِنَّمَآ أَنَا۠ رَسُولُ رَبِّكِ لِأَهَبَ لَكِ غُلَٰمًا
زَكِيًّا . قَالَتْ أَنَّىٰ يَكُونُ لِى غُلَٰمٌ وَلَمْ يَمْسَسْنِى بَشَرٌ وَلَمْ أَكُ بَغِيًّا . قَالَ
كَذَٰلِكِ قَالَ رَبُّكِ هُوَ عَلَىَّ هَيِّنٌ ۖ وَلِنَجْعَلَهُۥٓ ءَايَةً لِّلنَّاسِ وَرَحْمَةً مِّنَّا ۚ وَكَانَ أَمْرًا
مَّقْضِيًّا .

Mentionne dans le livre, Marie, quand elle se retira de sa famille en un endroit du côté de l'Orient. Elle mit entre eux et elle un voile. Nous lui envoyâmes Notre Esprit qui se présenta à elle sous la forme d'un homme parfait. Elle dit : « Je me réfugie contre toi auprès du Tout Miséricordieux. Si tu es pieux, ne me touche pas ». Il dit : « Je suis en fait un Messager de ton Seigneur pour te faire don d'un fils pur ». Elle dit : « Comment aurais-je un fils, quand aucun homme ne m'a touchée, et que je ne suis pas une prostituée ? ». Il dit : « Ainsi sera-t-il ! Cela M'est facile, a dit ton Seigneur ! Et nous ferons de lui un signe pour les hommes, et une miséricorde de Notre part. C'est une affaire déjà décidée » XIX, 16-21.

S'agissant de la ruse de Pénélope, elle est allusivement rapportée dans la *Sourate* « An-Nahl Les abeilles » XVI, 92.

وَلَا تَكُونُواْ كَٱلَّتِي نَقَضَتۡ غَزۡلَهَا مِنۢ بَعۡدِ قُوَّةٍ أَنكَٰثٗا تَتَّخِذُونَ أَيۡمَٰنَكُمۡ دَخَلَۢا بَيۡنَكُمۡ أَن تَكُونَ أُمَّةٌ هِيَ أَرۡبَىٰ مِنۡ أُمَّةٍۚ إِنَّمَا يَبۡلُوكُمُ ٱللَّهُ بِهِۦۚ وَلَيُبَيِّنَنَّ لَكُمۡ يَوۡمَ ٱلۡقِيَٰمَةِ مَا كُنتُمۡ فِيهِ تَخۡتَلِفُونَ.

Et ne faites pas comme celle qui défaisait brin par brin sa quenouille après l'avoir solidement filée, en prenant vos serments comme un moyen pour vous tromper les uns les autres, du fait que (vous avez trouvé) une communauté plus forte et plus nombreuse que l'autre. Allah ne fait, par là, que vous éprouver. Et, certes, Il vous montrera clairement, au Jour de la Résurrection, ce sur quoi vous vous opposiez. (92)

6) Le sacrifice de Valéria

Pour mettre un terme à l'épidémie qui ravageait la cité de Falériens, un oracle avait ordonné de sacrifier chaque année une vierge à Junon. Le sort tomba une fois sur la jeune Valéria Luperca. Au moment où elle allait se frapper elle-même d'une épée au-dessus de l'autel, un miracle se produisit. Un aigle apparut qui lui arracha l'épée. L'animal se dirigea vers une prairie voisine où il déposa l'épée sur une génisse. Valéria comprit alors le sens de l'oracle et sacrifia la bête à sa place.

La variante coranique de ce récit est assurément l'histoire d'Abraham relatée dans la Sourate XXXVII, *102* « Assafat, Les rangées ».

Allah lui demanda de sacrifier son fils. Mais au moment où le père allait égorger l'enfant, un gros bélier apparut sur l'autel. C'est du reste l'acte que commémorent les Musulmans à la Grande fête du mouton :

فَلَمَّا بَلَغَ مَعَهُ ٱلسَّعْىَ قَالَ يَـٰبُنَىَّ إِنِّىٓ أَرَىٰ فِى ٱلْمَنَامِ أَنِّىٓ أَذْبَحُكَ فَٱنظُرْ مَاذَا تَرَىٰ ۚ
قَالَ يَـٰٓأَبَتِ ٱفْعَلْ مَا تُؤْمَرُ ۖ سَتَجِدُنِىٓ إِن شَآءَ ٱللَّهُ مِنَ ٱلصَّـٰبِرِينَ .

> *Puis, quand le garçon fut en âge de l'accompagner, Abraham lui dit :*
> *« Ô mon fils, je me vois en songe en train de t'immoler. Vois donc ce que tu en penses ». L'enfant répondit : « O mon cher père, fais ce qui t'est commandé : tu me trouveras, s'il plaît à Allah, du nombre des endurants » (XXXVII, 102).*

Le texte coranique ne précise pas s'il s'agissait d'Ismaël ou d'Isaac, même si la tradition exégétique musulmane a imposé le nom d'Ismaël.En revanche, la *Bible* est plus explicite. Elle désigne nommément Isaac :

> *« Lorsqu'ils furent arrivés au lieu que Dieu lui avait dit, Abraham y éleva un autel, et rangea le bois. Il lia son fils Isaac, et le mit sur l'autel, par-dessus le bois.*
> *Puis Abraham étendit la main, et prit le couteau pour égorger son fils.*
> *Alors l'ange de l'Eternel l'appela des cieux, et dit : « Abraham ! Abraham ! » Et il répondit : « Me voici ! »*
> *L'ange dit : « N'avance pas ta main sur l'enfant, et ne lui fais rien ; car je sais maintenant que tu crains Dieu, et que tu ne m'as pas refusé ton fils, ton unique ».*

Abraham leva les yeux, et vit derrière lui un bélier retenu dans un buisson par les cornes ; et Abraham alla prendre le bélier, et l'offrit en holocauste à la place de son fils.

Tous ces récits que mentionne le Coran sont qualifiés d'antiques. Ils peuvent donc représenter des variantes tirées des mythologies anciennes. Peut-on alors parler de filiation directe entre la mythologie gréco-romaine et « les récits antiques » du Coran ou de permanence de l'esprit humain qui se manifeste à travers ces similitudes ? Il nous semble que la Vérité se trouve dans la foi du Croyant qui est convaincu que Dieu n'a jamais cessé d'envoyer Son message à l'humanité.

CHAPITRE III

LES RITES

Un grand nombre de pratiques cultuelles islamiques se réfèrent à l'aire culturelle de la Grèce ancienne.

1) Les rites funéraires

L'analyse du rite de l'enterrement du mort révèle l'impact de l'hellénisme sur la civilisation musulmane. C'est en effet un corbeau qu'Allah a envoyé au fratricide pour lui montrer comment doit être pratiquée la sépulture d'un mort :

فَبَعَثَ ٱللَّهُ غُرَابًا يَبْحَثُ فِى ٱلْأَرْضِ لِيُرِيَهُۥ كَيْفَ يُوَٰرِى سَوْءَةَ أَخِيهِۚ قَالَ يَٰوَيْلَتَىٰٓ أَعَجَزْتُ أَنْ أَكُونَ مِثْلَ هَٰذَا ٱلْغُرَابِ فَأُوَٰرِىَ سَوْءَةَ أَخِىۖ فَأَصْبَحَ مِنَ ٱلنَّٰدِمِينَ .

> *« Puis Allah envoya un corbeau qui se mit à gratter la terre pour lui montrer comment ensevelir le cadavre de son frère. Il dit : « Malheur à moi ! Suis-je incapable d'être, comme ce corbeau, à même d'ensevelir le cadavre de mon frère ? ». Il devint alors du nombre de ceux que ronge le remords »V31.*

Il s'agit, dans ce verset, du meurtre primordial relatif aux deux fils d'Adam que *l'Ancien Testament* appelle Caïn et Abel.

Mais ce qu'il faut savoir, c'est que l'expression grecque « *eis korakas erkesthaï* » (aller aux corbeaux) signifie « mourir et rester sans sépulture ».Nul n'ignore la place occupée par la sépulture du mort dans l'imaginaire des Grecs. Rester sans sépulture, c'est ne pas connaître le repos de l'âme. L'*Antigone* de Sophocle qui défie le roi Créon pour enterrer son frère Polynice illustre bien la puissance de ce rituel.

2) Le culte du Soleil

L'adoration du Soleil Hélios est attestée en Grèce comme dans le Coran :

وَجَدتُّهَا وَقَوْمَهَا يَسْجُدُونَ لِلشَّمْسِ مِن دُونِ ٱللَّهِ وَزَيَّنَ لَهُمُ ٱلشَّيْطَـٰنُ أَعْمَـٰلَهُمْ فَصَدَّهُمْ عَنِ ٱلسَّبِيلِ فَهُمْ لَا يَهْتَدُونَ .

Je l'ai trouvée, elle et son peuple, se prosternant devant le Soleil au lieu d'Allah. Le diable leur a embelli leurs actions, et les a détournés du droit chemin, et ils ne sont pas bien guidés. XXVII, 24.

Il s'agit de la Reine de Saba et de son peuple qui, à l'origine, pratiquaient le culte solaire. C'est à partir du IIe siècle après J.C. que se répandit l'adoration du Soleil en tant que religion. L'empereur Aurélien érigea à Rome, au Champ de Mars, un temple consacré au Soleil et fréquenté par les Héliolâtres.

Rhodes était l'île de ce dieu grec Hélios qui semble porter un nom de la même racine qu'Allah.

Un pèlerinage annuel, comme celui de la Mecque, y était organisé qui comportait une procession, un sacrifice d'animal et des prières.

C'est le *Coran* même qui assimile Allah au dieu grec Hélios :

ذَٰلِكَ بِأَنَّ ٱللَّهَ يُولِجُ ٱلَّيْلَ فِى ٱلنَّهَارِ وَيُولِجُ ٱلنَّهَارَ فِى ٱلَّيْلِ وَأَنَّ ٱللَّهَ سَمِيعٌۢ بَصِيرٌ .

C'est ainsi qu'Allah fait pénétrer la nuit dans le jour, et fait pénétrer le jour dans la nuit. Allah est, certes, Audient et Clairvoyant.

Mais le verset le plus éloquent qui témoigne de cette parenté entre Hélios et Allah est sans conteste celui-ci :

ٱللَّهُ نُورُ ٱلسَّمَٰوَٰتِ وَٱلْأَرْضِ ۚ مَثَلُ نُورِهِۦ كَمِشْكَوٰةٍ فِيهَا مِصْبَاحٌ ۖ ٱلْمِصْبَاحُ فِى
زُجَاجَةٍ ۖ ٱلزُّجَاجَةُ كَأَنَّهَا كَوْكَبٌ دُرِّىٌّ يُوقَدُ مِن شَجَرَةٍ مُّبَٰرَكَةٍ زَيْتُونَةٍ لَّا
شَرْقِيَّةٍ وَلَا غَرْبِيَّةٍ يَكَادُ زَيْتُهَا يُضِىٓءُ وَلَوْ لَمْ تَمْسَسْهُ نَارٌ ۚ نُّورٌ عَلَىٰ نُورٍ ۗ
يَهْدِى ٱللَّهُ لِنُورِهِۦ مَن يَشَآءُ ۚ وَيَضْرِبُ ٱللَّهُ ٱلْأَمْثَٰلَ لِلنَّاسِ ۗ وَٱللَّهُ بِكُلِّ شَىْءٍ عَلِيمٌ

Allah est la lumière des cieux et de la terre. Sa lumière est semblable à une niche où se trouve une lampe. La lampe est dans un verre de cristal, le verre de cristal ressemble à un astre de grand éclat ; son combustible vient d'un arbre béni : un olivier ni oriental ni occidental dont l'huile semble éclairer sans même que le feu la touche. Lumière sur lumière, Allah guide vers sa lumière qui il veut. Allah propose aux hommes des paraboles et Allah est omniscient.

Cette assimilation des deux divinités se poursuit jusque dans les nombreux attributs divins. Le Coran cite «les plus beaux noms d'Allah » (أسماء الله الحسنى) qui atteignent le nombre de 99.

Hélios, comme Allah, est « celui qui voit tout », « le grand », « le bienfaiteur des hommes », « le très élevé », « l'invincible », « le très saint ».

Platon atteste dans les *Lois* (*Leg*. 17) que les adorateurs du culte solaire, les Héliolâtres, tournés vers l'Est, adressaient des prières au Soleil à chacune de ses stations, principalement au lever et au coucher. Il devient alors difficile de ne pas voir dans ces cultes les prières quotidiennes des Musulmans.

3) La dîme

Un autre pilier de l'Islam serait d'origine grecque. Il s'agit de la Zakâte (*az-zakât*), l'impôt-aumône qui consiste à offrir la dixième partie de son revenu. Ce mot grec (*dekatos*, dixième) est un adjectif numéral ordinal se rapportant au substantif « partie » sous-entendu, soit la dixième partie ou la dîme. La dîme était chez les Grecs une offrande aux dieux destinée à les rendre plus favorables.

4) L'associationnisme

Quant à l'associationnisme, il est banni dans le Coran. « *Mushrikûn* » signifie associationniste, d'où mécréant. Le *Shirkun* est un péché mortel, comme celui de Socrate qui, selon l'acte d'accusation, a introduit à Athènes des divinités autres que celles de la cité.

Force est donc de reconnaître que les croyances païennes des Grecs et les pratiques cultuelles des Musulmans tirent leur origine d'un substrat culturel très ancien.

5) La punition divine

Dans l'épopée homérique, les dieux ne punissent un homme que lorsqu'il a été sourd aux recommandations d'un prêtre qui est l'émanation de la divinité. Ainsi, dans l'*Iliade*, Chrysès, le prêtre d'Apollon, père de Chryséis, est venu trouver Agamemnon et les Grecs pour les dissuader de retenir sa fille comme prisonnière. C'est à cause de leur désobéissance que Zeus a envoyé la peste à l'armée grecque.

Il en est de même dans le Coran où un prophète est toujours envoyé aux peuples mécréants. S'ils persistent dans leur mauvais comportement, alors Dieu leur lance son châtiment comme avec le peuple du prophète Noé. Celui-ci avait en vain averti ses compatriotes. Comme ces derniers ne lui reconnaissaient pas son statut d'envoyé de Dieu, ils excitèrent la colère de celui-ci. Le déluge fut leur châtiment.

6) Le prophète illettré

Dans les religions antiques, les prophètes étaient les interprètes de la divinité. Ils recevaient l'inspiration et rendaient des oracles au nom des dieux. Instruments passifs de la Toute-puissance de ceux-ci, ils étaient choisis dans les couches populaires qui n'avaient pas reçu d'éducation, pour transmettre tels quels les oracles divins sans rien pouvoir y ajouter de leur cru. Au témoignage de Plutarque (*Pyth. Orac.22*), les femmes prophétesses étaient recherchées parmi les ignorantes. Telle est la tradition qui fait de Muhammad un Prophète illettré, ce qui était destiné à garantir l'authenticité du message qu'il véhiculait. En réalité, l'expression à laquelle les exégètes du Coran se réfèrent, « *nabiyyun ummiyun* », devrait être traduite par « un prophète de votre communauté ».Du reste, ce sens est confirmé par le verset IX, 128 « Le désaveu » :

لَقَدْ جَآءَكُمْ رَسُولٌ مِّنْ أَنفُسِكُمْ عَزِيزٌ عَلَيْهِ مَا عَنِتُّمْ حَرِيصٌ عَلَيْكُم بِٱلْمُؤْمِنِينَ رَءُوفٌ رَّحِيمٌ

Certes, un Messager pris parmi vous, est venu à vous, auquel pèsent lourd les difficultés que vous subissez, qui est plein de sollicitude pour vous, qui est compatissant et miséricordieux envers les croyants. (128)

En définitive, il est indéniable que l'islam et l'hellénisme se rencontrent sur de nombreux points, notamment sur les mythes et les rites qui semblent leur être communs.

Deuxième partie

Histoire

L'histoire gréco-romaine représente un des éléments les plus récurrents du Coran. Bon nombre d'événements historiques se trouvent relatés dans le Livre Saint qui les présente comme des exemples et des preuves de la puissance divine. L'aventure de l'humanité se dessine ainsi à travers l'histoire de la Grèce, de Rome et de Byzance.

CHAPITRE IV

LA GRÈCE

Le Coran rappelle de nombreux aspects de l'histoire et de la civilisation gréco-romaine

1) La démocratie grecque

La démocratie athénienne semble avoir été un modèle pour la *Révélation*. Comme pour exalter le gouvernement du peuple par le peuple, à l'instar du système politique établi par Clisthène vers la fin du VIe siècle et consolidé au milieu du Ve siècle par Périclès, le Coran recommande aux hommes d'Etat de consulter leurs peuples par l'intermédiaire d'assemblées avant toute prise de décision. Comme Athènes où le pouvoir était exercé par l'ensemble des citoyens réunis en assemblées délibérantes, la « *Boulé* » ou Sénat, et l'Assemblée du peuple ou *(ecclésia)*, la justice rendue par des tribunaux populaires (*Héliée),* certaines sourates magnifient l'Etat démocratique. Dans « *La consultation, Ash-shûrâ* », le verset 38 prescrit ce principe constitutionnel :

وَٱلَّذِينَ ٱسْتَجَابُوا۟ لِرَبِّهِمْ وَأَقَامُوا۟ ٱلصَّلَوٰةَ وَأَمْرُهُمْ شُورَىٰ بَيْنَهُمْ وَمِمَّا رَزَقْنَـٰهُمْ يُنفِقُونَ

Ceux qui répondent à l'appel de leur Seigneur accomplissent la prière, se consultent entre eux à propos de leurs affaires, dépensent ce que nous leur attribuons.

De même, dans la Sourate XXVII, « *Les fourmis, An-Naml* », malgré son titre royal, la Reine de Saba consulte une assemblée de notables, exactement comme les rois grecs de l'Antiquité qui avaient des fonctions essentiellement religieuses et honorifiques :

> *J'ai trouvé qu'une femme est leur reine, que de toute chose elle a été comblée et qu'elle a un trône magnifique... La reine dit : « O notables ! Une noble lettre m'a été adressée. Elle vient de Salomon et c'est « Au nom d'Allah, le Clément, le Miséricordieux ». Ne soyez pas hautains avec moi et venez à moi en toute soumission ». Elle dit : « O notables ! Conseillez-moi sur cette affaire : je ne déciderai rien sans que vous ne soyez présents pour me conseiller ». Ils répondirent : « Nous sommes détenteurs d'une force et d'une puissance redoutables. Le commandement cependant t'appartient. Regarde donc ce que tu veux ordonner ».*
> *Elle dit : « En vérité, quand les rois entrent dans une cité, ils la corrompent, et font de ses honorables citoyens des sujets opprimés. Et c'est ainsi qu'ils agissent ».*

إِنِّى وَجَدتُّ ٱمۡرَأَةً تَمۡلِكُهُمۡ وَأُوتِيَتۡ مِن كُلِّ شَىۡءٍ وَلَهَا عَرۡشٌ عَظِيمٌ...قَالَتۡ يَـٰٓأَيُّهَا ٱلۡمَلَؤُاْ إِنِّىٓ أُلۡقِىَ إِلَىَّ كِتَـٰبٌ كَرِيمٌ . إِنَّهُۥ مِن سُلَيۡمَـٰنَ وَإِنَّهُۥ بِسۡمِ ٱللَّهِ ٱلرَّحۡمَـٰنِ ٱلرَّحِيمِ . أَلَّا تَعۡلُواْ عَلَىَّ وَأۡتُونِى مُسۡلِمِينَ . قَالَتۡ يَـٰٓأَيُّهَا ٱلۡمَلَؤُاْ أَفۡتُونِى فِىٓ أَمۡرِى مَا كُنتُ قَاطِعَةً أَمۡرًا حَتَّىٰ تَشۡهَدُونِ . قَالُواْ نَحۡنُ أُوْلُواْ قُوَّةٍ وَأُوْلُواْ بَأۡسٍ شَدِيدٍ وَٱلۡأَمۡرُ إِلَيۡكِ فَٱنظُرِى مَاذَا تَأۡمُرِينَ . قَالَتۡ إِنَّ ٱلۡمُلُوكَ إِذَا دَخَلُواْ قَرۡيَةً أَفۡسَدُوهَا وَجَعَلُوٓاْ أَعِزَّةَ أَهۡلِهَآ أَذِلَّةًۖ وَكَذَٲلِكَ يَفۡعَلُونَ .

Ces versets démontrent parfaitement l'option démocratique de l'islam et son rejet du pouvoir tyrannique des Rois. Deux systèmes de gouvernement sont opposés dans cette sourate : la constitution démocratique des Athéniens et le pouvoir monarchique des peuples arabes. On voit comment l'exégèse traditionnelle, visiblement en collusion avec les tyrannies princières de l'Arabie moyenâgeuse, a occulté le modèle de l'Etat grec pour adopter celui des dynasties féodales qui ont orienté selon leurs intérêts la Parole de Dieu.

Un signe fondamental de l'impact de la civilisation grecque au cœur même de l'islam est sans nul doute l'Hégire. Evénement plein de significations dans la mesure où il marque le début d'une ère nouvelle. « Nouvelle » en ce sens que, pour la première fois dans l'histoire des tribus de Bédouins qui, jusque-là, menaient une vie de nomades, une cité venait de naître sur le sol de Yatrib devenue justement Médine.

2) La citoyenneté

Dès lors, deux genres de vie s'opposent, celui des caravaniers errants, à savoir les Bédouins, et celui des citoyens sédentaires, à l'instar des habitants de la « Polis » grecque ou de la cité romaine. L'étymologie du nom de la nouvelle cité n'a pas été suffisamment analysée quand on sait que la racine « dîne » qui signifie « religion » implique lexicalement « une dette », « un contrat », « une soumission ».

Médine est le lieu où prévaut désormais « un contrat social » qui lie l'homme à Allah mais aussi le citoyen à l'Etat.

Madînun est le débiteur, « celui qui est redevable à ».

Dès lors, la « bédouinité » arabe cède la place à la citoyenneté grecque.

D'autant que le verbe grec *deïn* signifie « lier », « enchaîner », «tenir sous sa dépendance ». Il serait vain de refuser de reconnaître dans cette dernière racine grecque l'origine de l'arabe *dînune,* la religion étant un lien de l'homme avec Dieu, tout comme l'idée est nette dans le latin *religio,* qui a donné « religion », soit ce qui relie l'humanité à la divinité.

Relisons les quatre occurrences coraniques de *madinune* :

IX, 101 « *Le désaveu, At-Tawba* »

Et parmi les Arabes qui sont autour de vous, il y a des hypocrites, tout comme une partie des citoyens de Médine.

Il n'appartient pas aux citoyens de Médine, ni aux Arabes qui sont autour d'eux, de traîner loin derrière le Messager d'Allah.

XXXIII, 60 « *Les coalisés, Al-Ahzâb* ».

> *Certes, si les hypocrites, ceux qui ont la maladie au cœur, et les semeurs de trouble à Médine ne cessent pas,*
> *Nous t'inciterons contre eux.*
> *Ils disent : « Si nous retournons à Médine, le plus puissant en fera assurément sortir le plus humble ».*

L'Hégire constitue ainsi le projet fondamental du Prophète de promouvoir le statut de citoyen, *politès,* afin d'effacer à jamais le tribalisme, surtout nomade. Or, il est curieux que cet aspect de l'Hégire ait été habilement passé sous silence. Certainement, de peur de réveiller chez les peuples arabo-musulmans cet esprit démocratique et citoyen de révolte contre l'ordre monarchique établi. Voilà comment l'exégèse traditionnelle soumise à l'autorité princière s'est employée à gommer les traces de l'hellénisme subversif.

3) Alexandre-Le-Grand

L'histoire grecque réapparaît dans plusieurs versets coraniques. La sourate XVIII, 83-86 « *Al Kahf, La caverne* » retrace les hauts faits d'Alexandre-Le-Grand (356-322 av. J-C.), fils de Philippe de Macédoine, qu'elle appelle *Zûl Qarnayn*, le Bicorne. La longue expédition qui le mena jusqu'en Orient est mentionnée dans le Livre Saint (XVIII, 86).

حَتَّىٰٓ إِذَا بَلَغَ مَغْرِبَ ٱلشَّمْسِ وَجَدَهَا تَغْرُبُ فِى عَيْنٍ حَمِئَةٍ وَوَجَدَ عِندَهَا قَوْمًا

> *Quand il eut atteint l'endroit où disparaît le soleil, il trouva qu'il se couchait vers une source boueuse auprès de laquelle il rencontra des gens.*

Né à Pella, en Macédoine, il eut comme précepteur le philosophe grec Aristote. Il apprit l'art militaire dans les guerres contre les Thraces et les Illyriens et participa même à la bataille de Chéronée, en Béotie, en 338 av.J-C.

C'est au début de l'année 334 qu'il franchit l'Hellespont. Il affronta l'armée du roi de Perse Darius III sur les bords du Granique. Malgré la supériorité numérique de l'ennemi, Alexandre fut vainqueur et se rendit maître de l'Asie Mineure. Puis, il poursuivit son expédition au-delà des montagnes de Cilicie et défit l'armée perse à Issos en 333. Il s'empara de Tyr et de Gaza en 332 et pénétra en Egypte qu'il libéra de la domination perse. En 331, il traversa le Tigre et l'Euphrate. La bataille décisive contre les Perses eut lieu à Gaugamèles et à Arbèles en octobre 331. Après avoir conquis Babylone et Suse, il incendia Persépolis et atteignit la vallée de l'Indus. A sa mort en 323, il laissa un immense empire qui s'étendait de l'Europe à l'Inde.

La ville d'Alexandrie qu'il fonda en Egypte en 332 est dénommée *Iram* dans la Sourate XIC, 7-8 *Al Fadjr, l'Aube* :

إِرَمَ ذَاتِ ٱلْعِمَادِ . ٱلَّتِى لَمْ يُخْلَقْ مِثْلُهَا فِى ٱلْبِلَـٰدِ .

N'as-tu pas vu comment ton Seigneur a agi avec les gens de Ad-Iram, la cité à l'imposante colonne dont jamais pareille ne fut construite parmi les villes ?

On sait qu'Alexandrie était célèbre dans l'Antiquité par un phare de 120 m, une des 7 merveilles du monde installée précisément dans l'île de Pharos. C'est sa forme qui aurait donné l'architecture des minarets.

Elle fut sous le règne des Ptolémées le centre artistique et littéraire de l'Orient et de la civilisation hellénistique. C'est donc là qu'eut lieu la première amorce du dialogue des cultures entre l'Occident et l'Orient.

Malheureusement, un terrible vent d'obscurantisme vint balayer tout ce trésor de l'héritage grec.

Chapitre V

Rome

Récurrente est également l'histoire de Rome sous l'Empire.

1) Les persécutions sous le principat de l'Empereur Dèce

Ainsi, la Sourate de la Caverne relate un fait que les historiens placent au IIIe siècle après J-C. sous le règne de l'empereur Dèce (249-251).

Selon le récit coranique, des jeunes gens qui fuyaient un roi mécréant se seraient introduits dans une caverne où ils seraient restés 309 ans. Mais comme ils n'avaient aucune conscience du temps, ils pensaient qu'ils n'y avaient séjourné que durant un laps de temps. La vérité se révéla à eux lorsque l'un d'entre eux se rendit au marché et qu'il fut informé que les pièces de monnaie qu'il détenait n'étaient plus en usage. Ce fait mystique est ainsi évoqué à la Sourate XVIII, 9 *La Caverne*

أَمْ حَسِبْتَ أَنَّ أَصْحَـٰبَ ٱلْكَهْفِ وَٱلرَّقِيمِ كَانُوا۟ مِنْ ءَايَـٰتِنَا عَجَبًا

> *Penses-tu que les gens de la Caverne et d'ar-Raquim ont constitué une chose extraordinaire d'entre Nos prodiges ? XVIII 9.*

L'histoire rapporte qu'à l'époque des persécutions sous l'empereur romain Dèce *(Dal khiyus)*, en 250, sept jeunes Ephésiens, Maximien, Malchus, Marcien, Denys, Jean, Sérapion et Constantin, poursuivis par la police impériale, se réfugièrent dans une caverne où ils furent emmurés vivants.

Sous le règne de Théodose II (408-450), un maçon qui construisait une étable ouvrit par hasard la caverne et découvrit les 7 dormants qui se réveillèrent de leur long sommeil.

D'où vient ce récit ? Plusieurs sources ont été évoquées. La plus ancienne se trouve être un texte de Saint Grégoire de Tours (538-594) intitulé *De gloria martyri*, Livre I, Chapitre XCV. Ce qui frappe dans le texte de St Grégoire de Tours, c'est la même polémique que le Coran sur la durée du sommeil des jeunes gens : « *Qu'ils aient dormi 377 ans, comme on le dit, la chose peut être douteuse, puisqu'ils ressuscitèrent l'an du Seigneur 418. Or Dèce régna seulement un an et trois mois, en l'an 252 ; ainsi, ils ne dormirent que cent quatre-vingt-seize ans* ».

De la même manière, le *Coran* rapporte ce qui suit :
XVII, 25-26

> *Or ils demeurèrent dans leur caverne trois cents ans et en ajoutèrent neuf années. Dis : Allah sait mieux combien de temps ils demeurèrent là. A lui appartient l'Inconnaissable des cieux et de la terre. Il est Voyant et Audient ! XVII, 25-26.*

Mais plus troublante est la relation que donne de cette histoire un manuscrit inédit du XVIIe siècle de la Bibliothèque Nationale de Paris (manuscrits arabes BP 1931). Il s'agit d'une version arabe attribuée à Ibn Abbas (619-688), un proche du Prophète Mahomet. Eminent exégète du Coran, il fut conseiller des Califes Umar, Uthmân et Ali. Sa famille représente la souche de la dynastie des Abbassides.

2) La destruction du Barrage

L'époque romaine coïncide avec la destruction du Barrage des gens de Saba évoquée dans le *Coran* :

> *Nous déchaînâmes contre eux l'inondation du Barrage. XXXIV, 16.*

Cet événement est attesté historiquement. En effet, sous le principat de l'empereur romain Décius, « *Dalkhiyus* » (248-251 après J.C.), le barrage fut détruit. Une inscription du gouverneur éthiopien Abraham qui est encore visible en commémore la réfection.

3) L'esclavage

S'il est établi que les sociétés anciennes étaient toutes esclavagistes, il faut reconnaître aussi que cette forme d'exploitation de l'homme par l'homme a été farouchement combattue par les écrivains latins de l'époque impériale, comme par le Coran.

Les *Satires* de Juvénal dénoncent ironiquement les maîtres brutaux. Martial déplore avec émotion la disparition d'esclaves qui lui étaient chers. Pline le Jeune, à travers ses lettres, révèle une profonde sympathie pour les domestiques en service chez lui.

Mais, ce sont les stoïciens romains qui ont joué un rôle décisif dans le combat contre cette barbarie. Le philosophe Epictète, qui était esclave, enseignait que « *De toutes les choses du monde, les unes dépendent de nous et les autres n'en dépendent pas. Celles qui en dépendent sont nos actions, celles qui ne dépendent point de nous sont toutes les choses qui ne sont pas du nombre de nos actions. Les choses qui dépendent de nous sont libres par leur nature… et celles qui n'en dépendent pas sont faibles, esclaves, dépendantes, sujettes* ».

Donc, la condition sociale, qui ne dépend pas de l'individu, ne peut suffire à fonder son mérite. Le Sage, même s'il se trouve dans la servitude la plus basse, est roi grâce à la puissance de sa volonté et à la souveraineté de son libre arbitre. Ainsi, Sénèque affirme que les esclaves sont des êtres humains et qu'ils doivent jouir des mêmes droits que les autres hommes : « *Ce sont des esclaves ? Non, mais des hommes. Des esclaves ? Dis, plutôt des frères en servitude, si tu réfléchis que la fortune a le même empire sur eux et sur toi* ».

Ces idées s'accordent parfaitement avec le texte coranique :

> *Il vous a cité une parabole de vous-mêmes. Avez-vous associé vos esclaves à ce que nous vous avons attribué en sorte que vous soyez tous égaux en droit de propriété et que vous les craigniez autant que vous vous craignez mutuellement ? C'est ainsi que nous exposons nos versets pour des gens qui raisonnent (XXX, 28).*

Les conceptions stoïciennes et coraniques se recoupent sur la question de l'esclavage. Certes, cette attitude humanitaire est caractéristique des milieux intellectuels. Mais, il s'est produit une osmose entre les cercles des lettrés et le public romain qui commençait à être gagné par ces théories.

Ainsi, sous l'Empire, une législation plus douce est instituée en faveur des esclaves. En 19 après J.C., la loi Petronia considère comme un délit le fait de livrer des esclaves innocents aux bêtes, dans les jeux du cirque. En 83, leur castration est prohibée par Domitien. Sous Constantin, leur mise à mort est juridiquement assimilée à celle d'un homme libre.

Enfin, un immense mouvement se dessina progressivement pour les affranchissements. Cette pratique faisait de l'esclave un homme libre qui gardait toutefois un sentiment de reconnaissance envers son ancien maître. Le Coran encourage les Croyants à suivre cette voie de l'affranchissement d'esclaves :

> *Ne l'avons-nous pas guidé aux deux voies ? Or, il ne s'engage pas dans la voie difficile ! Et qui te dira ce qu'est la voie difficile ? C'est affranchir un esclave, ou nourrir, en un jour de famine, un orphelin proche parent ou un pauvre dans le dénuement. Et c'est être, en outre, de ceux qui croient et s'enjoignent mutuellement l'endurance, et*

> *s'enjoignent mutuellement la miséricorde. Ceux-là sont les gens de la droite (XIC, 12-18).*

Le même humanisme se reflète chez les stoïciens et dans le texte coranique. L'affranchi pouvait alors accéder aux plus hautes charges publiques. Le cas le plus célèbre est celui de Dioclétien, fils d'affranchi qui devint empereur. Et au second siècle, il semble que la population de Rome était en majorité constituée d'affranchis ou de descendants d'affranchis.

4) Le supplice de Crassus

Le châtiment dont sont menacés les pécheurs dans la Sourate XLIV consiste à ingurgiter le fruit d'un arbre qui a, dans le ventre, les effets funestes du métal fondu :

> *« Certes, l'arbre de Zakkoum sera la nourriture du grand pécheur. Comme du métal fondu, il bouillonnera dans le ventre XLIV, 43-45. »*

Tel est, selon le témoignage des historiens, le supplice que les Parthes ont fait subir à Crassus. Ce Romain richissime était membre du Premier Triumvirat de 60 (César, Pompée Crassus). Il fut élu consul en même temps que Pompée en 55.

A la suite d'une expédition contre les Parthes en 53, il fut pris et assassiné. Ses bourreaux firent couler de l'or fondu dans sa bouche en le narguant ainsi : « Comme tu aimes beaucoup l'or, en voici ».

5) Le droit romain

Nâmûsun est un mot qui, tantôt signifie « Loi », tantôt désigne l'archange Gabriel. Il est censé provenir de la transcription du grec *nomos* (loi).

Toutefois, l'on pourrait se demander s'il n'y a pas eu une erreur de lecture. En effet, le mot n'existe pas dans le Coran. Mais à plusieurs reprises, dans les versets, le nom du prophète *Musa* suit le pronom affixe *nâ* dans le verbe *atâ* , accorder, gratifier, conduire :

XVII, 2
Wa âtaynâ ***Musa*** *alkitâba*

XXXII, 23
Wa lakhad âtaynâ ***Musa*** *alkitâba*

XLI, 45
Wa lakhad âtaynâ ***Musa*** *alkitâba*

Jusqu'ici, les traducteurs ont compris : Nous avons (effectivement) donné le Livre à Musa.

Mais si l'on considère que *nâ* n'est pas un pronom personnel affixe mais la première syllabe de « **nâ**mussa », il est possible de traduire.

Il (Dieu) a apporté comme Loi le Livre.

Evidemment, certains exégètes qui refusent la présence de mots grecs dans le Coran rejetteront une telle traduction.

Du reste, la Loi de Moïse, à savoir le décalogue ou les Dix commandements, ne serait que la réplique de la Loi des XII Tables des Romains.

A l'époque des Rois (753-509), le droit était l'apanage des Pontifes qui lui conféraient un caractère sacré et secret. Sous la République, la Loi se sécularise lorsque les Plébéiens exigent sa publication. Telle est l'origine de la Loi des XII tables (451-449). Elle est appelée ainsi du fait que les lois étaient peintes en lettres noires et rouges sur des tablettes de bois. Par la suite, elles furent gravées sur des tables de marbre ou de bronze.

La Loi des XII tables aurait été rédigée par une commission de 10 anciens consuls, les décemvirs, mais le texte ne nous est pas parvenu.

Une autre hypothèse serait la mention de l'éminent jurisconsulte Aufidius Namusa, Ier siècle avant J-C, disciple de Servius.Il aurait rédigé à lui seul 140 volumes juridiques.

En 533 après J-C, ses traités furent condensés dans le *Digeste* appelé aussi les *Pandectes.*

6) Les banquets grecs

Quand le lecteur du Coran tombe sur la description du Paradis, il ne peut s'empêcher de penser aux banquets grecs. Le terme *kûb*/pluriel *akwâb* « coupe », qui apparaît dans tous les passages évoquant le Paradis (XXXVII, 44 ; LII, 23 ; LVI, 18 ; LXXVI, 5, LXXVIII, 34), est justement tiré du grec *kéô* (verser) d'où dérive le mot latin *cuppa* , coupe, récipient destiné à la boisson.

A cet égard, relisons la Sourate XXXVII :

> *Et vous ne serez rétribués que selon ce que vous oeuvriez, sauf les serviteurs élus de Dieu. Ceux-là recevront une rétribution fixée de fruits, et ils seront honorés dans les jardins du délice, sur des lits, face à face. On fera circuler entre eux une coupe d'eau remplie à une source blanche agréable à boire.*
> *Elle n'offusquera point leur raison et ne les enivrera pas. Et ils auront auprès d'eux des belles aux grands yeux, au regard chaste (XXXVII, 39-48).*

Salah Elatri note à ce propos :

> *« Dans la description du Paradis, les Bienheureux vivront à la façon des fêtards grecs et romains s'adonnant à toutes sortes de plaisirs (cf. Saglio s.III 1826b ; IV, 269b, 1579a ; V, 325b).*

Outre les boissons et les mets préparés dans les banquets grecs, le Coran mentionne même les courtisanes qui faisaient office de serveuses.

CHAPITRE VI

BYZANCE

Plus visible est restée l'empreinte de la civilisation de Byzance dénommée Empire romain d'Orient et citée nommément dans le Coran par la Sourate XXX Ar-Rûm (Les Romains). Cet empire fondé par Constantin en 330 après J-C. s'étendait au VIe siècle, c'est-à-dire à la veille de l'avènement de l'Islam, sur tous les Balkans, l'Asie Mineure et le Proche-Orient, de la Syrie à l'Egypte, ainsi que sur le Sud de l'Italie, la Sicile et l'Afrique du Nord.

C'est en 330 que Constantin Ier Le Grand fonde Constantinople sur le site de Byzance. La nouvelle capitale devient aussitôt la rivale de Rome. A la mort de Théodose, l'Empire romain est partagé entre l'Empire romain d'Occident et l'Empire romain d'Orient. L'Occident échoit à Honorius et l'Orient à Arcadius.

En 476, le roi barbare Odoacre dépose le dernier empereur qui s'appelait Romulus Augustule. Cet événement marque la fin de l'Empire romain d'Occident.

Seul va survivre l'Empire romain d'Orient. Lorsque Justinien accède au pouvoir, il tente de restaurer l'Empire romain dans ses frontières originelles. Mais il doit défendre l'Etat contre les Perses, les Slaves et les Arabes. Ces derniers conquièrent la Syrie et l'Egypte. L'âge d'or de l'Empire se situe sous la dynastie macédonienne (867-1057). En 1204, Constantinople est saccagé par les croisés et en 1453, il est pris pas Mehmed II.

1) Byzance et la Perse

C'est la dynastie Héraclide qui y régnait à l'époque du Prophète (570-632). Défait par les Perses, l'Empire byzantin sera par la suite victorieux de ces derniers, conformément à la prophétie coranique, en 627 :

> *Alif, Lâm, Mîm. Les Romains ont été vaincus dans le pays voisin, et après leur défaite, ils seront vainqueurs, dans quelques années. A Allah appartient le commandement, au début et à la fin, et ce jour-là les Croyants se réjouiront XXX, 1-4.*

La défaite des Romains survint en 614/15 quand Jérusalem fut prise par les Perses, alors que la défaite des Perses eut lieu seulement 7 ans plus tard, lorsque les Romains gagnèrent la bataille à Issus, en 623.

2) Les dynasties byzantines contemporaines du Prophète

De la naissance à la disparition du Prophète, trois dynasties se sont succédé sur le pouvoir à Byzance : la dynastie justinienne, la dynastie des Phokas et la dynastie héraclide. La dynastie justinienne fondée par Justin I (518-527) compte cinq empereurs dont trois ont été contemporains de Mahomet : Justin II (565-578), Tibère II (578-582), Maurice (582-602). La dynastie de Phokas qui, consécutive à la période justinienne, s'est limitée à un souverain : Phokas (602-610). Enfin l'Envoyé de Dieu n'a connu que le fondateur de la dynastie héraclide, Héraclius I (610-641).

3) Le Pacte entre les Mecquois et leurs voisins

Quant à la Sourate CVI, 1-2, elle expose le pacte que les Mecquois avaient signé en 467 avec l'Empire byzantin, l'Empire perse et le Négus d'Ethiopie, pour assurer le trafic des caravaniers :

> *A cause du pacte des Coraïch,*
> *De leur pacte concernant les voyages d'hiver et d'été.*

Il convient de souligner que, du temps du Prophète contemporain d'Héraclius I, l'Empire romain englobait une grande partie du monde arabo-musulman, notamment la Syrie, l'Egypte et l'Afrique du Nord et avait des frontières communes avec bon nombre de pays musulmans. Or, cet empire avait cessé d'être romain pour adopter le grec comme langue officielle. L'affirmation de son hellénisme se poursuit encore durant les premiers siècles de l'avènement de l'islam. Dans ces conditions, il devenait impossible à la civilisation musulmane de renoncer au substrat culturel grec.

Troisième partie

Littérature

La circulation des textes grecs dans l'Empire byzantin a très tôt familiarisé les Arabes avec l'œuvre des écrivains grecs des périodes classique et post-classique, ainsi qu'avec les auteurs latins.

CHAPITRE VII

LA LITTÉRATURE CLASSIQUE

Les réminiscences de bon nombre d'écrivains de la période classique figurent dans le Coran.

1) Les prétendants

Cette intertextualité est manifeste entre le Coran et la littérature classique. La tisseuse de la Sourate XVI, 92 (*Les abeilles*) est présentée en ces termes :

> *Et n'imitez pas celle qui défaisait sa quenouille après l'avoir solidement filée, en prenant vos serments comme un moyen de vous tromper les uns les autres.*

L'allusion est claire. Il s'agit de Pénélope, l'épouse d'Ulysse. Dans *l'Odyssée* d'Homère, elle trompe les Prétendants qui, en l'absence de son mari parti en expédition à Troie, désiraient l'épouser. Après avoir prêté le serment d'accepter leur offre de mariage une fois qu'elle aurait achevé le linceul qu'elle tissait, elle se mit à les berner pour gagner du temps en défaisant la nuit ce qu'elle avait tissé le jour.

2) L'invocation d'Hécate

L'invocation d'Hécate, fille de Persès et d'Astérie, qui octroie les bienfaits aux hommes comme il lui plaît, comporte de profondes similitudes avec la sourate III, 25 « *La famille d'Imran* » :

> *« Dis : Ô Dieu, maître de Royauté, tu donnes la royauté à qui tu veux, et tu arraches la royauté de qui tu veux et tu*

donnes puissance à qui tu veux et tu humilies qui tu veux. Le bien est en ta main. Oui, tu es le puissant en toutes choses ».

La prière hésiodique présente Hécate avec les mêmes pouvoirs qu'Allah :

> *« A qui lui plaît, largement, elle accorde son assistance et son secours. Sur la place, elle fait briller qui lui plaît dans l'assemblée. Quand pour la lutte meurtrière s'équipent les guerriers, sa divine assistance va à qui lui plaît, et c'est la bienveillance qui donne le succès et qui octroie la victoire. Au tribunal, elle siège à côté des rois révérés. Elle sait, quand les hommes jouent dans le tournoi, leur prêter l'assistance et le secours de sa divinité et celui qui triomphe alors, par sa force et sa vigueur, sans peine et allègrement, obtient pour lui le beau prix, en même temps qu'il octroie grande gloire à ses parents. Elle sait aussi, parmi les cavaliers, assister qui lui plaît. A ceux qui exploitent la vaste mer aux chemins périlleux, s'ils invoquent Hécate et le retentissant ébranleur de la terre, la noble Déesse octroie sans peine une abondante proie, comme sans peine elle la leur ravit au moment même où elle apparaissait, selon qu'il plaît à son cœur.*
>
> *Elle sait, avec Hermès dans les étables faire croître le bétail : les troupeaux de bœufs, les vastes parcs de chèvres, les longues colonnes de brebis laineuses, s'il plaît à son cœur, elle en fait de peu beaucoup et en réduit beaucoup à peu. (Hésiode, Théogonie, 429-447).*

3) Les mythes de Circé et de Calypso

Ces mythes de séduction d'une femme de haut rang tombée amoureuse d'un jeune homme ne sont pas sans rappeler l'histoire de Joseph et l'épouse du grand intendant (XVI).

Calypso était une nymphe qui habitait l'île d'Ogygie. Dans l'*Odyssée*, au chant VII, elle accueillit Ulysse naufragé qu'elle retint par amour auprès d'elle durant dix ans.

Quant à Circé, elle était une magicienne experte dans la préparation des filtres d'amour. Elle avait également le pouvoir de transformer les humains en animaux. Au chant X, 136 sqq.de l'*Odyssée*, elle changea en pourceaux les compagnons d'Ulysse. Ce dernier réussit à échapper à ce sortilège en la séduisant et resta un an avec elle.

La *Théogonie* d'Hésiode s'achève sur la mention de ces deux immortelles :

> *« Circé, fille du Soleil, le fils d'Hypérion, de l'amour d'Ulysse l'endurant, donna le jour à Agrios, ainsi qu'à Latinos, héros puissant et accompli, qui, bien loin, au fond des îles divines, régnaient sur tout le pays des illustres Tyrrhéniens.*
> *Calypso, divine entre les déesses, à Ulysse donna pour fils et Nausithaus et Nausinoos, à lui unie d'amour charmant » (Hésiode, Théogonie 1011-1018).*

Le récit coranique relatif à Joseph (XVI, 22 sqq.) qui échappe à une ruse féminine de séduction souligne, comme ces légendes homériques, les dangers que représentent les femmes, surtout quand elles sont sous le coup de la passion.

4) La chaîne d'or

Dans le Coran, Dieu lance un défi aux hommes et aux génies pour démontrer le caractère inimitable de sa Parole :

> *« Dis : "Si les humains et les génies s'unissaient pour produire quelque chose de semblable à ce Coran, ils ne pourraient y parvenir, même s'ils devaient se soutenir les uns les autres" (XVII, 88) ».*

C'est un défi similaire que Zeus, dans l'*Iliade* d'Homère, lance aux autres dieux, en leur proposant de s'unir pour tirer une chaîne en or dont il tient l'autre bout. Et le roi des dieux conclut que toutes leurs forces réunies ne pourraient égaler la sienne.

5) Les dieux au service d'un homme

Les génies placés par Allah au service du roi Salomon (XXXIV, 10-14 Saba') sont des ouvriers bâtisseurs :

> *Et parmi les génies, il y en avait qui travaillaient sous ses ordres.*

Pareille est la mésaventure des dieux Apollon et Poséidon relatée au Chant XXI, 441-457 de *l'Iliade* d'Homère. Pour punir ces derniers qui avaient ourdi un complot contre lui, Zeus les avait placés comme travailleurs chez le roi de Troie, Laomédon.

Apollon gardait les troupeaux et Poséidon construisait les murailles de la ville. Mais, à la fin du service, Laomédon refusa de les payer et menaça même de leur couper les oreilles. Ainsi, dans *l'Iliade* comme dans le Coran, ce sont des êtres surnaturels, génies et divinités, qui se retrouvent au service d'un souverain humain.

6) La Divinité au combat

Dans le Coran, comme dans *l'Iliade*, la Divinité participe elle-même aux combats. C'est Allah qui s'implique comme un guerrier dans la mêlée ou alors il envoie des anges secourir les croyants dans la bataille. Parfois, ce sont des oiseaux qui viennent à la rescousse, sur l'ordre de Dieu.

Ainsi, dans la Sourate VIII « *Al-Anfal*, Les libations », l'intervention d'Allah sauve les Musulmans en guerre contre les infidèles :

> *« Ce n'est pas vous qui les avez tués mais c'est Allah qui les a tués. Et lorsque tu lançais (une poignée de terre), ce n'est pas toi qui lançais mais c'est Allah qui lançait, et ce, pour éprouver les croyants d'une belle épreuve de sa part ! Allah est Audient et Omniscient. »*

Au verset 8 de la même Sourate, c'est un millier d'anges que Dieu envoie en renfort :

« Rappelez-vous quand vous imploriez le secours de votre Seigneur et qu'il vous exauça aussitôt : « Je vais vous aider d'un millier d'anges déferlant les uns après les autres ».

Il est même arrivé qu'Allah fasse guerroyer des animaux secoureurs :

« N'as-tu pas vu comment ton Seigneur a agi envers les gens de l'Eléphant ? N'a-t-il pas rendu leur ruse complètement vaine et envoyé sur eux des oiseaux par volées qui leur lançaient des pierres d'argile ? Et il les a rendus semblables à une paille mâchée ».

Cette présence divine dans les combats représente une caractéristique de *l'Iliade* d'Homère.

Le chant XX de *l'Iliade*, précisément appelé Théomachie, relate la bataille des dieux. Ceux-ci se sont jetés dans les combats entre Troyens et Achéens pour soutenir tel ou tel camp. Ainsi, ils participent activement aux combats au point même de se faire la guerre entre eux :

« Les dieux partent tous au combat, mais leurs cœurs se partagent. Hèra se dirige vers le groupe des nefs ; de même Pallas Athéna et Poseidon, le maître de la terre, et Hermès Bienfaisant, qui excelle en subtils pensers. Héphaistos part aussi avec eux enivré de sa force, boitant et agitant sous lui ses jambes grêles. Vers les Troyens, en revanche, s'en vont Arès au casque étincelant et, avec lui, Phoibos aux longs cheveux, et Artémis la Sagittaire et Letô, et le Xanthe et Aphrodite qui aime les sourires.
Tant que les dieux demeurent loin des hommes, les Achéens hautement triomphent : Achille a reparu, qui avait si longtemps quitté la bataille amère ! Et, au contraire, une atroce terreur s'insinue dans les membres de tous les Troyens ; ils s'effraient à la vue du Péléide aux pieds rapides brillant dans son armure, émule d'Arès, le fléau des hommes. Mais les dieux de l'Olympe ont à peine rejoint le gros des combattants que brusquement se lève Lutte la Brutale, meneuse de guerriers et qu'Athéna crie, tantôt debout près du fossé ouvert et hors du rempart, tantôt sur

les caps sonores, d'où elle pousse une longue clameur et que, de l'autre côté, Arès crie tout de même, semblable au noir ouragan et jetant d'une voix perçante ses exhortations aux Troyens, soit du haut de la citadelle, soit encore près du Simoïs où il court se poster sur Belle Colline ».

7) Le sacrifice d'Iphigénie

La Sourate XXXVII, 102 *« As-sâffât, Les rangées »* évoque l'épreuve qu'Allah fit subir à Abraham en lui demandant d'immoler son fils Ismaël. Au moment où le père allait égorger le fils, apparut un beau bélier. D'où la tradition de la Grande fête du mouton chez les musulmans.

Telle est aussi la légende d'Iphigénie que le poète grec Euripide a chantée. Fille d'Agamemnon et de Clytemnestre, elle allait être sacrifiée quand surgit sur l'autel une biche. C'est le thème de deux tragédies d'Euripide : *Iphigénie à Aulis* et *Iphigénie en Tauride.*

8) Les frères ennemis

La légende des deux frères, Etéocle et Polynice, apparaît comme un modèle du récit coranique sur le fils d'Adam. Etéocle et Polynice, fils d'Œdipe et de Jocaste, furent maudits par leur père lorsqu'ils eurent découvert son inceste. Œdipe leur avait prédit qu'ils mourraient l'un de la main de l'autre. Pour éviter que la funeste prophétie ne se réalisât, ils convinrent de se partager le pouvoir en régnant alternativement à Thèbes, chacun pendant un an. Mais lorsqu'à la fin de l'année, Polynice se présenta pour exercer la royauté, Etéocle refusa de la lui remettre. C'est alors que Polynice, avec l'aide des Argiens, organisa une expédition immortalisée par Eschyle dans sa pièce intitulée *Les sept contre Thèbes*. Les deux frères moururent à la suite d'un duel acharné. Etéocle reçut une sépulture honorable mais Créon, le roi qui était leur oncle, refusa qu'on ensevelît Polynice qui avait porté les armes contre sa patrie. Dans le récit du Coran, c'est le frère qui n'enterre pas sa victime, ce qui pousse un corbeau à lui apprendre les rites de l'inhumation :

> *Puis Allah envoya un corbeau qui se mit à gratter la terre pour lui montrer comment ensevelir le cadavre de son frère (V, 31).*

Chez Sophocle, Antigone enfreint l'interdiction royale et s'acquitte de l'obligation religieuse envers son frère sur le cadavre duquel il répand une poignée de poussière. Cet acte de piété valut à la jeune fille une condamnation à mort ordonnée par Créon. De même, les pères des fratricides, Œdipe et Adam, sont marqués par une malédiction divine. Adam a été maudit et chassé par Dieu hors du Paradis pour lui avoir désobéi :

> *Peu de temps après, Satan les fit glisser de là et les fit sortir du lieu où ils étaient. Et nous dîmes : Descendez (du Paradis), ennemis les uns des autres. Et pour vous, il y aura une demeure sur la terre, et un usufruit pour un temps (II, 36).*

Sur Œdipe, Pierre Grimal écrit :

> *« A sa naissance, Œdipe était déjà marqué d'une malédiction. Dans la tradition représentée par Sophocle, il s'agit d'un oracle, qui aurait déclaré que l'enfant porté par Jocaste « tuerait son père ». Selon Eschyle et Euripide, au contraire, l'oracle serait intervenu avant la conception, pour interdire à Laïos d'engendrer un enfant, lui prédisant que s'il avait un fils, ce fils non seulement le tuerait, mais serait la cause d'une suite épouvantable de malheurs qui amèneraient la ruine de sa maison. Laïos ne tint pas compte de cet avis, et engendra Œdipe. Il en fut puni plus tard ».*

Ainsi donc, le Coran et la mythologie grecque présentent la légende de deux frères (Caïn et Abel, Etéocle et Polynice) qui s'entretuent à la suite d'une malédiction de leur père antérieure à leur naissance. En outre, chaque fois, l'une des victimes reste sans sépulture. Il est possible d'en déduire une représentation mentale identique chez les peuples grec et arabe.

Voisine de cette histoire est celle des deux frères Atrée et Thyeste, fils de Pélops, qui se vouèrent une haine mortelle remontant à une malédiction de leur père.

9) L'âge d'or

Dans *Les Travaux et les Jours*, le poète grec Hésiode relate le mythe de l'âge d'or.

Au début de l'humanité, il existait une race d'or. C'était sous le règne du dieu Cronos, père de Zeus. Les hommes vivaient heureux, sans soucis, sans peine, à l'abri de la misère. Eternellement jeunes, ils passaient leur existence dans les banquets et les festins. Le sol produisait spontanément d'abondantes récoltes. Le travail était inconnu des hommes de l'âge d'or.

Cette description idyllique du séjour des hommes de l'âge d'or correspond parfaitement au lieu de séjour des musulmans pieux une fois qu'ils seront au Paradis :

> *« Et vous ne serez rétribués que selon ce que vous oeuvriez, sauf les serviteurs élus d'Allah. Ceux-là auront une rétribution bien connue, des fruits, et ils seront honorés dans les Jardins du délice, sur des lits face à face. On fera circuler entre eux une coupe d'eau remplie à une source blanche, savoureuse à boire. Elle n'offusquera point leur raison et ne les enivrera pas. Et ils auront auprès d'eux des belles aux grands yeux, au regard chaste, semblables au blanc bien préservé de l'œuf » (XXXVII, 39-49).*

Cependant, la fin de l'âge d'or coïncide avec le moment où Adam et Eve ont été chassés du Paradis pour avoir touché à l'arbre de vie :

> *Et nous dîmes : « Descendez du Paradis, ennemis les uns des autres. Et pour vous, il y aura une demeure sur la terre et un usufruit pour un temps » (II, 36).*

Le mythe du péché d'Adam rapporté par les Ecritures Saintes correspond dans la mythologie grecque à la fin de l'âge d'or.

10) Xénophon

Xénophon est un écrivain grec du Ve siècle qui a été le disciple de Socrate.

Né à Erchia en Attique, il dirigea la retraite des Dix-Mille au sujet de laquelle il composa *l'Anabase.* Il est l'auteur de traités relatifs à Socrate (*Les Mémorables*), de récits historiques (*Les Helléniques*), de traités (*L'Economique*, *La Constitution des Lacédémoniens*) et d'un roman historique (*La Cyropédie*).

Au chapitre 3 du livre IV de ses *Mémorables*, Socrate explique à Euthydème que l'homme doit être reconnaissant à la divinité à cause de tous les bienfaits que celle-ci lui a accordés. Or, il est manifeste que le texte coranique ne cesse de recenser ces faveurs divines que Michel Cuypers et Geneviève Gobillot ont relevées dans leur étude sur le *Coran* (Paris, Le Cavalier bleu, 2007, p. 64-65). Ainsi, le Coran affirme :

> *La nuit a été créée spécialement pour le repos de l'homme. VI 96*
> *Les vents aident les navires à traverser les mers. X 22*
> *La mer rapporte aux hommes tous les produits dont ils ont besoin. II 164*
> *L'eau a été répandue afin que la terre soit fertile pour l'homme. LXXX 24-25 ; LXXVII 14-15*
> *Les animaux qui sont sur terre en vue de servir l'homme sont nourris par la Providence divine XI 6.*

Tous ces arguments que la pensée grecque a développés dans les mêmes formules figurent dans le Coran.

CHAPITRE VIII

LA LITTÉRATURE POSTCLASSIQUE

Le procédé de l'intertextualité se retrouve dans le Coran qui intègre bon nombre de textes postclassiques.

1) L'Epsilon de Delphes

Ainsi, *l'Epsilon de Delphes* de Plutarque semble avoir été à l'origine de l'attribut de Dieu : Le Vivant, l'Immuable. Cet attribut divin est employé dans la Sourate II, 255 « La Vache », III, 2 « La famille d'Imran », XX, 111 *Tâhâ*. Il débute le Discours du Trône :

> *« Allah ! Point de divinité à part Lui, Le Vivant, l'Immuable ».*

L'Epsilon de Delphes est un écrit où Plutarque démontre l'Eternité de Dieu qui est le seul être non soumis au devenir. L'Epsilon constitue une forme altérée de la 2e personne du singulier du verbe « Einaï » (être) : E (I) est donc une invocation à Dieu, l'Immuable, qui ne subit aucun changement.

2) La Vie d'Alexandre de Plutarque

Plutarque avait également consacré une de ses V*ies parallèles* à Alexandre-Le-Grand que le Coran appelle *Zoul-Kharneyni* (L'homme aux deux cornes). L'historien y relate les nombreuses expéditions du grand conquérant.

3) Le Roman d'Alexandre du Pseudo-Callisthène.

Mais l'Alexandre que rapporte le Coran semble plutôt être le héros du *Roman d'Alexandre* du Pseudo-Callisthène. Ce roman composé au IIIe siècle de notre ère a été attribué à Callisthène. Il fut élaboré à Alexandrie et adapté au XIIe siècle en langue romane à partir d'une version latine. L'adaptation avait été effectuée en vers de douze syllabes qui furent appelés alexandrins.

Ce récit explicite clairement le surnom coranique de Dhul Qarnayni (l'homme aux deux cornes) *: « Et il vit Ammon sous l'apparence d'un vieil homme avec une chevelure d'or et des cornes de bélier ».*

Certaines difficultés du texte coranique s'éclairent parfaitement par la confrontation du modèle grec.

En effet, la *Sourate de la Caverne* (XVIII) rapporte l'histoire d'un poisson qui était sur le point d'être cuit lorsqu'il reprit le chemin de la mer :

> *Il dit : « Quand nous avons pris refuge près du rocher, vois-tu, j'ai oublié le poisson-le Diable seul m'a fait oublier de (te) le rappeler-et il a curieusement pris son chemin dans la mer ».*

Ce verset paraît être la réplique du texte attribué à Callisthène :

> *« Comme j'avais faim, je voulus prendre de la nourriture, et après avoir appelé le cuisinier qui se nommait Andréas, je lui dis : « Prépare-nous la pitance ». Il prit alors du poisson séché et alla jusqu'à l'eau limpide de la fontaine pour laver ce mets, mais à peine fut-il plongé dans l'eau, qu'il reprit vie et échappa des mains du cuisinier ».*

L'intertextualité se perçoit même dans la forme. Le jeune homme du Coran *al-fatâ* s'appelait Andréas chez le Pseudo-Callisthène. Ce mot signifie littéralement «jeune homme ».

Le verset 64 de la même Sourate est une reprise du début du roman :

« Puis, ils retournèrent sur leurs pas, suivant leurs traces. »

L'histoire du sage vétéran, dans le *Roman d'Alexandre*, est reconnaissable dans « *l'un de nos serviteurs à qui nous avions donné grâce, de Notre part, et à qui Nous avions enseigné une science émanant de Nous* ».

Du reste, l'hellénisme était fortement implanté dans la cité médinoise à travers des étrangers qui se trouvaient même dans l'entourage du Prophète comme un certain Anastase Le Perse, un ancien moine qui s'était converti à l'Islam sous le nom de Salman. L'homme était un érudit versé dans les lettres latines et grecques. Mais curieusement, la Tradition a choisi de l'occulter par un silence total sur sa présence aux côtés de l'Envoyé de Dieu.

Toutefois, la littérature grecque semble avoir laissé des traces visibles dans le Message divin, même si tout effort de clarification de la parole de Dieu a été rejeté par des écoles dogmatiques qui l'ont canalisée selon leurs intérêts personnels.

3) Justin (100-165 après J.C.)

Né à Flavia Néapolis (l'actuelle Naplouse), il mena la vie d'un professeur itinérant, marquée par deux séjours à Rome. Il mourut en martyr du Christ.

Dans son ouvrage intitulé *Apologie pour les Chrétiens*, il a recours aux penseurs grecs pour confirmer l'authenticité de la religion de Moïse[1] :

> « *Quand nous affirmons que l'univers reçoit de Dieu son ordonnance et son existence, on voudra bien admettre que nous enseignons la doctrine de Platon ; quand nous affirmons l'embrasement universel, celle des Stoïciens ; quand nous disons que les âmes des méchants conservent le sentiment et sont châtiées même après la mort, mais que celle des Justes, libérées de toute peine, mène une vie heureuse, on voudra bien admettre que nous disons la même chose que les poètes et les philosophes. Quand nous*

[1] Justin, *Apologie pour les chrétiens* I, 20, 4-5. Sources chrétiennes. Introduction, texte critique, traduction et notes par Charles Munier, Paris, Les éditions du Cerf, 2006.

affirmons qu'il ne faut pas se prosterner devant des ouvrages faits de mains d'homme, nous parlons comme le poète comique Ménandre et ceux qui se sont exprimés dans le même sens, car ils ont proclamé que l'ouvrier est supérieur à son œuvre ».

Sébastien Morlet a bien vu l'accord que Justin établit entre Platon et la Révélation monothéiste :

> *« Justin reconnaît dans le Timée une version païenne du récit de la création, selon une lecture qui fait de Platon un partisan de la création ex nihilo (I, 20, 4 ; I, 59). Il voit dans le mythe final du Gorgias une annonce du châtiment qui attend les criminels (I, 8, 4. De la République), exception faite de l'expulsion des poètes qu'il attribue directement à Socrate, Justin retient plusieurs idées : il ne faut pas honorer un homme plus que la vérité(X, 595c = Apologie II, 8, 6) ; Dieu n'est pas responsable du mal (X, 617e : Apologie, I, 44, 8) ; les poètes doivent être bannis de la cité (II, 10). Il est à noter que Justin tend parfois à considérer Platon comme le simple secrétaire de Socrate (II, 8, (3), 6 ; II, 10 ; II, 10, 6) »*[2].

Mais comment rendre compte de cette coïncidence entre la Révélation et la philosophie grecque ? Justin avance trois hypothèses : la parodie démoniaque, la théorie de l'emprunt, la participation au Logos. Ainsi les démons qui auraient entendu la Révélation de la bouche des prophètes se sont proposé d'imiter leurs prédictions à travers des mythes.

La théorie de l'emprunt enseigne que toutes les doctrines eschatologiques énoncées par les philosophes grecs ont été reprises des prophètes.

Enfin, le Logos divin n'étant rien d'autre que la raison humaine, certains païens ont pu connaître partiellement la vérité religieuse.

---

[2] Morlet (Sébastien) *Silves grecques 2009-2010 Aristophane, Les Nuées ; Justin, l'Apologie,* Editions Atlande, 2009, p. 176.

En définitive, Justin se trouve être l'un des premiers penseurs occidentaux à avoir cherché à éclairer la foi monothéiste avec la raison philosophique.

4) Hermès Trismégiste

Un corpus de dialogue initiatique attribué à l'Hermès trismégiste constituerait une révélation grecque dont l'époque qui n'a pas encore été précisée se situerait entre le premier siècle avant Jésus-Christ et le deuxième de notre ère. Déjà, le philosophe arabe Al-Kindi (mort en 866) avait reconnu la profonde similitude entre l'exposé de l'unicité divine chez Hermès et dans le Coran.

Geneviève Gobillot, qui a approfondi l'analyse d'Al-Kindi, a été frappée par l'identité de la thématique de la perfection de la création du corps humain comme preuve de la Toute-puissance divine entre la Révélation coranique et le corpus d'Hermès. Madame Gobillot et Monsieur Cuypers mettent en parallèle sous forme de tableau le corpus Hermeticum V, 6 et le Coran qui concordent presque en tous points (Gobillot, le Coran p.62) au sujet de la création de l'homme :

Corpus Hermeticum, V, 6	Coran
Considère, mon enfant, comment l'homme est façonné dans le ventre maternel, examine avec soin la technique de cette production et apprends à connaître celui qui façonna cette belle, cette divine image qu'est l'homme.	« Dieu vous a fait sortir du ventre de vos mères » (16, 78) : « Nous avons certes créé l'homme dans la forme la plus parfaite » (95, 4) : « (Ton noble Seigneur) qui t'a créé, puis modelé et constitué harmonieusement » (82, 7) ; « Dieu l'a créé et formé harmonieusement » (75, 38).

Qui a tracé les cercles des yeux ? Qui a foré les trous des narines et des oreilles ? Qui a fait l'ouverture de la bouche ?	« C'est Nous qui avons donné à l'homme l'ouïe et la vue » (76, 2) et (10, 31).
Qui a tendu les muscles et les a attachés ?	Nous les avons créés, nous avons fixé solidement leurs jointures » (76, 28).
Qui a recouvert toute la chair de peau ? Qui a séparé les doigts ? Qui a élargi la plante des pieds ? Qui a percé les conduits ?	« Nous avons créé les os ; nous avons revêtu les os de chair » (23, 14).
Qui a étendu la rate ? Qui a façonné le cœur en forme de pyramide ? Qui a cousu ensemble les nerfs ? Qui a élargi le foie ? Qui a creusé les cavités du poumon ?	« Nous avons donné à l'homme l'ouïe, la vue et les viscères » (16, 78), (23, 78) et (67, 232)

Il est à remarquer que le Corpus Hermeticum représente un passage suivi alors que les textes coraniques correspondants sont éclatés çà et là dans les versets et les sourates. C'est donc par la Toute- puissance de la divinité, visible dans la création de l'univers, que l'Hermès Trismégiste et le Coran démontrent l'unicité divine.

5) Athanase

Athanase est un patriarche chrétien d'Alexandrie (vers 295-373). Il succéda à Alexandre qu'il avait accompagné en 325 au concile de Nicée. Toute sa vie, il lutta contre les doctrines d'Arius. Son pamphlet contre les Païens tire argument de l'harmonie du Cosmos pour prouver le monothéisme :

« Là où commandent plusieurs chefs, le désordre règne puisque chacun tire toute chose à lui et lutte contre les autres (*Contre les Païens*, 38) ». Curieusement, cette affirmation n'est pas sans rappeler le verset 91 de la sourate XXIII :

« Dieu ne s'est pas donné de fils ; il n'y a pas de divinité à côté de Lui, sinon chaque divinité s'attribuerait ce qu'elle aurait créé. Certaines d'entre elles seraient supérieures aux autres ».

De telles correspondances qui relèvent de l'intertextualité prouvent de manière irréfutable l'empreinte de l'hellénisme sur la civilisation arabo-musulmane.

CHAPITRE IX

LA LITTÉRATURE LATINE

La littérature latine n'est pas en reste qui recèle de nombreux points de convergence avec la culture arabo-musulmane.

1) Danaé

L'histoire de Danaé pourrait être mise en parallèle avec celle de Marie. Comme un oracle avait annoncé à son père Acrisios qu'elle mettrait au monde un fils qui serait le meurtrier de ce dernier, elle fut enfermée dans une chambre souterraine en bronze de peur que la prédiction ne se réalisât. Mais ce fut en vain car Zeus, prenant la forme d'une pluie d'or, s'infiltra par une fente du toit jusque dans le sein de la jeune fille qui tomba enceinte des œuvres du Roi des dieux. Comme le père n'arrivait pas à croire à l'origine divine du bébé, il se mit à gronder sa fille et résolut de l'enfermer avec son enfant dans un coffre qu'il jeta à la mer ! La mère et l'enfant furent tous deux sauvés et recueillis par un certain Dictys. Devenu grand, le jeune homme qui s'appelait Persée accomplit de célèbres exploits et retourna chez son grand-père à Argos. Dans ses *Métamorphoses*, Ovide relate cette légende qui se rapproche de l'Immaculée conception de Marie, Mère de Jésus.

2) Amphitryon

Semblable à cette histoire est le récit de la naissance d'Héraclès. En l'absence d'Amphitryon parti à la guerre, Zeus avait revêtu la forme de celui-ci pour s'unir à son épouse Alcmène qui était une femme vertueuse. De retour chez lui, la même nuit, Amphitryon partagea la couche d'Alcmène. Deux jumeaux naquirent de cette double union, Héraclès, fils de Zeus, et Iphiclès, fils d'Amphitryon. Telle est la conception miraculeuse du demi-dieu Héraclès que Plaute a mise en scène dans sa comédie intitulée *Amphitryon.* Et la science moderne a révélé, tout récemment, que des jumeaux peuvent avoir des géniteurs différents.

3) Iphigénie

Le sacrifice de cette fille d'Agamemnon recoupe parfaitement l'épreuve que subit Abraham quand Dieu lui demanda de sacrifier son fils. Retenus à Aulis par les vents contraires, les Grecs furent informés par le devin Calchas que seul le sacrifice de la fille du chef des Armées, Agamemnon, pouvait rendre la situation favorable.

Mais, la divinité s'est empressée de substituer une biche à Iphigénie, un bélier à Ismaël. Lucrèce, dans le *De Rerum Natura*, dénonce la folie des hommes qui les pousse à de tels actes de barbarie au nom de la religion.

4) Phèdre

La pièce de Sénèque, intitulée *Phèdre et Hippolyte,* nous révèle que cette femme mariée à Thésée tomba pourtant amoureuse de son beau-fils Hyppolite, enfant que son époux avait eu de son union avec la reine des Amazones. Hippolyte qui était misogyne repoussa ses avances. Irritée et craignant qu'il ne la dénonce auprès de son père, Phèdre prend les devants et accuse le jeune homme d'avoir essayé de la déshonorer. Phèdre a pris dans le Coran la figure de Zulikha, l'épouse de Putiphar. Comme l'héroïne mythique, elle déclare que Joseph qui a refusé de lui céder a tenté de la violer. Le mari réussit à confondre sa femme en lui faisant observer que la chemise de Joseph était déchirée par devant et non par derrière :

Et elle le désira. Et il l'aurait désirée, n'eût été ce qu'il vit comme preuve évidente de son Seigneur. Ainsi nous avons agi pour écarter de lui le mal et la turpitude. Il était certes un de nos serviteurs élus.
Et tous coururent vers la porte, et elle lui déchira sa tunique par derrière. Ils trouvèrent le mari à la porte. Elle dit : « Quelle serait la punition de quiconque a voulu faire du mal à ta famille, sinon la prison ou un châtiment douloureux ? ». XII, 24-25.

Sénèque, le philosophe stoïcien, s'est proposé de mettre en garde les hommes contre la violence des passions. En ce sens, il semble être très proche de l'éthique musulmane.

5) Le Déluge

Ovide, dans ses *Métamorphoses* VIII 616-715, relate l'histoirc dc Philémon et Baucis. Cette légende évoque le déluge que Zeus a envoyé aux habitants de Phrygie pour les punir. En visite dans ce pays, Zeus et Hermès, déguisés en simples voyageurs, ne furent accueillis que par Philémon et Baucis qui les traitèrent avec beaucoup d'hospitalité dans leur chaumière. Tous les autres Phrygiens leur avaient fermé leurs portes. Le Déluge n'épargna donc que l'époux Philémon et la femme Baucis. Comme ils souhaitaient finir leurs jours ensemble, Zeus et Hermès les transformèrent en arbres qui se dressaient côte à côte devant le temple qui avait été autrefois leur demeure.

Comme dans le Coran, seule une famille a été épargnée tandis que tout le reste du pays constitué de mécréants et de personnes injustes a été noyé :

A cause de leurs fautes, ils ont été noyés, puis on les a fait entrer au Feu... LXXI, 25

6) L'enfant de la Vierge

L'histoire de la jeune fille Issa, originaire de Lesbos, est rapportée par Ovide dans les *Métamorphoses* (VI, 124). Elle était aimée d'un dieu qui est tantôt Hermès, tantôt Apollon.

De cette divinité, elle conçut un fils, Prylis, qui exerça les fonctions de devin.

Dans le Coran, Issa est le fils que la Vierge Marie conçut lorsqu'elle reçut le souffle de Dieu :

> *« De même, Marie, la fille d'Imran qui avait préservé sa virginité, Nous y insufflâmes alors de Notre Esprit. Elle avait déclaré véridiques les paroles de son Seigneur ainsi que Ses livres : Elle fut parmi les dévoués (LXVI, 12) ».*

Toutefois, le Prophète de Dieu Issa possède le même statut que Prylis, le fils de la vierge Issa qui est lui-même un devin, un prophète :

> *Et quand Issa, fils de Marie, dit : « O enfants d'Israël, je suis vraiment le Messager de Dieu qui vous est envoyé, confirmateur de ce qui, dans la Thora, est antérieur à moi, et annonciateur d'un Messager à venir à ma suite dont le nom sera « Ahmad ». Puis quand celui-ci vint à eux avec des preuves évidentes, ils dirent : « C'est là un devin manifeste ».*

Comme on le voit, il existe des convergences multiples entre ces légendes anciennes et les récits coraniques.

7) Lactance

Lactance est un apologiste chrétien d'expression latine né près de Cirta vers 260 et mort à Trêves vers 325.Rhéteur converti au christianisme, il a publié dans les *Institutions divines* le premier exposé d'ensemble sur la religion du Christ. Comme l'ont montré Michel Cuypers et Geneviève Gobillot, le Coran use des mêmes arguments que ce père de l'Eglise. Dans son *Epitomé* II, IV, V., Lactance écrit : « Dans la République du monde, s'il n'y avait pas un seul modérateur qui est aussi son créateur, ou bien toute masse se serait désagrégée, ou bien elle n'aurait pas même pu se former du tout. »

Pareille assertion semble se rapprocher du verset XXI, 22 : « Si des divinités autres que Dieu existaient, le ciel et la terre seraient corrompus.»

L'absence de corruption dans la création constitue ainsi une preuve de l'unicité divine.

Michel Cuypers et Geneviève Gobillot ont également analysé la célèbre injonction divine « *Pas de contrainte en religion* II, 256 » en fonction de l'œuvre de Lactance. En effet, selon certains, cette formule signifierait que Dieu bannit la guerre sainte et condamne la violence comme moyen de conversion à l'Islam. Selon d'autres, ce verset constitue l'expression de la tolérance de l'islam qui admettrait à côté de lui d'autres religions. Enfin, bon nombre d'exégètes prétendent que ces versets avaient été révélés lorsque l'islam naissant était en position de faiblesse devant les Païens. Mais une fois les musulmans devenus suffisamment puissants pour combattre les mécréants, ce verset aurait été abrogé au profit de celui qui ordonne la guerre sainte :

> *Ô Prophète, lutte contre les mécréants et les hypocrites, et sois dur contre eux. Et la Géhenne est le refuge. Quel mauvais devenir !*

En réalité, « *Pas de contrainte en religion* » n'est que l'expression de la véridicité de l'Islam. En d'autres termes, pour amener un homme à la religion musulmane, il n'est point besoin de le vaincre par la force mais il suffit seulement de le convaincre par la raison. D'ailleurs, cette affirmation est aussitôt éclairée dans le texte coranique par ces mots :

> *La vérité se sépare clairement de l'erreur (II, 256).*

Utiliser la force pour convertir, c'est nier l'authenticité de la religion, c'est la réduire au rang de cultes païens qui ont pour moyen de persuasion non la lumière de la vérité dans la paix mais les torches de la violence avec l'épée.

Tel était l'argument de Lactance qui écrit dans les *Institutions divines* II, IV, 7 : *« Où est la vérité ? Là où aucune contrainte ne peut peser sur la religion, où rien ne peut être victime de violence, là où il ne peut y avoir de sacrilège.»*

La même idée se retrouve dans ce passage de Lactance (*Institution Divine*) :

> *« Il n'est pas besoin de violence et d'injustice pour convaincre parce que la religion ne peut naître de contrainte. Il faut utiliser plutôt le verbe que les verges pour qu'il y ait acte volontaire. C'est pourquoi nul n'est jamais retenu par nous malgré lui, et pourtant nul ne s'éloigne, car à elle seule la vérité retient dans nos rangs » (V, XIX, 11-13).*

Identique est pourtant l'argument de l'empereur byzantin Manuel II que le Pape Benoît XVI avait cité à Ratisbonne en 2006 et qui souleva la fameuse polémique entre le Vatican et le monde musulman :

> *« Pour convaincre une âme raisonnable, il n'est besoin de disposer ni de son bras pour frapper ni de quelque autre moyen que ce soit avec lequel on pourrait menacer une personne de mort ».*

Ainsi, la littérature latine a repris bon nombre de récits et de personnages appartenant à la Grèce. Il serait donc difficile de présenter l'ensemble de ces pages de poésie, de théâtre, d'histoire qui font référence à Rome et qui constituent un rappel (*dhikr*) à tous les musulmans.

Quatrième partie

Philosophie

La « Falsafa » musulmane s'est nourrie, comme son nom l'indique, de la philosophie grecque, source du Soufisme. Ce domaine est particulièrement riche dans le Coran qui professe l'enseignement des présocratiques, de Platon et des postsocratiques.

CHAPITRE X

LES PRÉSOCRATIQUES

C'est en Grèce, plus précisément dans les îles ioniennes, que la philosophie est née au VIe siècle avant J-C. Centre d'échanges commerciaux, les villes d'Ionie favorisèrent les échanges intellectuels. A partir de 546, l'Ionie fut soumise aux Perses. Milet, qui était la Cité la plus importante, fut détruite en 494. La philosophie se transporta alors en Italie du Sud et en Sicile.

La période du VIe siècle a vu naître les premiers philosophes grecs appelés les présocratiques. Ceux-ci, connus aussi sous le nom d'hylozoïstes ou de physiciens, se proposaient de déterminer quel est l'élément premier de la matière, quel est le principe de l'univers. Ces sages qui étaient autant des penseurs que des savants s'efforçaient de s'élever au-dessus des cosmogonies mythiques pour fonder une doctrine philosophique. Leur arme essentielle était le logos qui traduit la rationalité. Plutôt que de rapporter la création du monde aux divinités, ils cherchèrent à étudier la nature, la *physis*, pour en déceler l'origine. C'est cette démarche scientifique qui a été à la base de la réflexion philosophique.

1) Thalès de Milet (625-547 av. J-C)

Thalès de Milet (VIe siècle avant J-C.), le premier philosophe grec, chef de file des Milésiens, affirmait que l'eau est l'élément premier de la Création.

La Sourate XX, 30 « Les Prophètes » ne dit pas autre chose :

Et nous avons fait de l'eau toute chose vivante.

Ce que confirme également la Sourate XXIV, 45, « La lumière » :

Et Allah a créé d'eau tout être vivant.

Les Milésiens semblent avoir professé la même doctrine. Si Anaximandre déclare que le principe de l'Univers est l'infini et Anaximène l'air, il est possible d'accorder leur théorie avec celle de Thalès.

En effet, pour ces philosophes insulaires, l'infini représenterait l'infini marin, donc l'eau. De même, en chimie, 2 volumes d'hydrogène mélangés à un volume d'oxygène passent de l'état gazeux à l'état liquide en se transformant en eau(H2O).

2) Démocrite d'Abdère (460-370 av.J-C)

Selon Démocrite (VIe S. av. J-C.), le principe de l'Univers est un élément insécable appelé « atome ». La Sourate IC, 7-8 n'ignore pas cette notion scientifique :

Quiconque fait un bien, fût-ce du poids d'un atome, le verra et quiconque fait un mal, fût-ce du poids d'un atome, le verra.

Le matérialisme de Démocrite est décrié à cause de son athéisme dans la Sourate VL, 24 « L'agenouillée » :

Il n'y a pour nous que la vie ici-bas ; nous mourons et nous vivons et seul le temps nous fait périr.

Les atomistes pensaient que l'Univers n'avait pas de créateur et qu'il serait né d'une rencontre fortuite d'atomes. Cette doctrine sera par la suite développée en Grèce par Epicure et à Rome par Lucrèce.

3) Pythagore (570-480 av.J-C)

Pythagore de Samos (VIe siècle av. J-C.) soutenait que le nombre (*arithmos*) est le principe de l'Univers. Les pythagoriciens vouaient un véritable culte aux nombres et juraient par la tétractys, c'est-à-dire le 10 efficace, qui est la somme des 4 premiers nombres 1+2+3+4=10.

Ne retrouvons-nous pas cette « tétractys », ce « dix efficace » dans la Sourate XIC, « L'aube » :

> *Par l'aube et par les dix nuits. Par le pair et l'impair !*

Pythagore a été un savant, un prophète et un philosophe. En mathématiques, il est l'inventeur du théorème dit de Pythagore :

> *« Dans un triangle rectangle, le carré de l'hypothénuse est égal à la somme des carrés des côtés de l'angle droit. »*

Comme corollaire de ce théorème, tout triangle ayant pour mesures des côtés 3, 4, 5 est rectangle.

A la tête d'une secte religieuse, il enseignait qu'après la mort, l'âme entre dans un autre corps Cette réincarnation s'appelle la métempsycose ou la métasômatose. Comme philosophe, Pythagore a beaucoup influencé Platon, notamment à propos de la théorie de la réminiscence explicitée dans le *Ménon*.

4) Parménide

Même le *Poème de Parménide* se retrouve dans le Coran. Sa présence se manifeste de manière indiscutable dans deux Sourates. Ainsi, *Al-Isra* (Le voyage nocturne) apparaît comme une recomposition de ce texte qui est l'un des tout premiers écrits philosophiques.

L'auteur du Poème intitulé *De la Nature* est un philosophe grec né à Elée en Grande–Grèce vers 515 av. J-C. Il aurait vécu jusqu'en 440 av. J-C. Sa proposition essentielle est « l'Etre est, le non-être n'est pas ». Cette ontologie représente une critique de la pensée d'Héraclite selon laquelle l'être est en devenir perpétuel. Le *Poème de Parménide* décrit un voyage nocturne que le héros effectue vers le Ciel à la rencontre de la Divinité. Ce périple dans l'espace céleste lui fait découvrir l'Apparence trompeuse (*doxa*) mais aussi la Vérité (*alêtheia*). Le *Poème* se présente comme une Révélation. La seconde partie de cette œuvre est constituée d'un exposé qui nie le multiple au bénéfice de l'Etre identique.

Les *Poème de Parménide* est conçu sur le même modèle que la Sourate relative au « Voyage nocturne » du Prophète durant lequel la tradition rapporte qu'il a été conduit par Al-Bouraq, le cheval ailé :

> *Gloire et Pureté à celui qui, de nuit, fit voyager son serviteur, de la Mosquée Al-Haram à la Mosquée Al-Aqsa, dont nous avons béni les alentours afin de lui faire voir certaines de Nos merveilles. C'est lui, vraiment, qui est l'Audient, le Clairvoyant...*
> *Nous avons fait de la nuit et du jour deux signes, et Nous avons effacé le signe de la nuit, tandis que nous avons rendu visible le signe du jour, pour que vous recherchiez les grâces de votre Seigneur, et que vous sachiez le nombre des années et le calcul du temps. Et Nous avons expliqué toute chose d'une manière détaillée.*

Examinons à présent le premier fragment du *Poème de Parménide* :

> *« Les cavales qui m'emportent au gré de mes désirs se sont élancées sur la route fameuse de la Divinité qui conduit partout l'homme instruit. C'est la route que je suis, c'est là que les cavales exercées entraînent le char qui me porte. Guides de mon voyage, les Vierges, filles du Soleil, ont laissé les demeures de la nuit et, dans la lumière, écartent les voiles qui couvraient leurs fronts.*

Il s'agit là du même Voyage nocturne qui est accompli sur le droit chemin conduisant vers Dieu, après la sortie des ténèbres et l'entrée dans la lumière symbolisée par les rayons du Soleil dans toute sa pureté immaculée.

Mais plus explicite du caractère parménidien du Coran est la Sourate de la pureté (Al-Ihlâs CXII) :

« Dis : « Lui, Dieu, est unique.
Dieu est l'Absolu.
Il n'a pas engendré, il n'a pas été engendré.
Il n'a pas d'égal ».

Cette Sourate qui souligne l'Unicité de Dieu, Son caractère absolu, Son éternité, Son atemporalité, Sa singularité n'est pas sans rappeler le fragment VIII du *Poème* de Parménide qui déclare :

« L'Être n'a pas été engendré. Il est l'impérissable, l'universel, l'unique, l'immobile et l'éternel. Il n'a pas été et ne sera pas. Il est le vivant. Il est l'entier, l'un, l'absolu ».

Il est remarquable que tous ces attributs de l'Être sont ceux d'Allah, tels que le Coran les a révélés :

L'Immuable, L'Unique, L'Absolu, Le Vivant, L'Un, L'Eternel.

De fait, l'Être de Parménide est assimilé au principe de la divinité. Jean Laloup écrit à ce propos :

« Dans la pensée de Parménide, tout est être ; or l'Être est immuable car, s'il changeait, il cesserait d'être ce qu'il est. Donc, le changement est le lieu de l'apparence, de l'illusion. De même, l'Être est un : étant divers ou multiple, il serait à la fois et ne serait pas lui-même ».

5) Xénophane de Colophon

Xénophane de Colophon est né en Ionie vers 565 avant J-C. Auteur de poèmes où il expose une haute conception de la divinité, il semble être le premier à avoir rejeté la poésie, bien avant la condamnation catégorique de Platon. Dans le fragment 1 de son œuvre, il déclare à propos de la poésie profane de son époque :

« Parmi les convives, il faut louer celui qui, après boire, expose de belles choses, parce qu'il a de la mémoire et du zèle pour la vertu. Il ne construit pas de Titanomachies, ni

> *de Gigantomachies ni de Centauromachies, inventions des Anciens, ni de violentes discordes, car il n'y a rien de bon là-dedans. Mais il est bon d'avoir toujours de la considération pour les dieux ».*

La Sourate des Poètes (XXVI, 224-227) ne dira pas autre chose, elle qui condamne expressément les Poètes sauf ceux d'entre eux qui sont inspirés par la Divinité :

> *Et quand aux poètes, ce sont les égarés qui les suivent. Ne vois-tu pas qu'ils divaguent dans chaque vallée, et qu'ils disent ce qu'ils ne font pas ? A part ceux qui croient et font de bonnes œuvres, qui invoquent souvent le nom d'Allah et se défendent contre les torts qu'on leur fait. Les injustes verront bientôt le revirement qu'ils éprouveront !*

6) Anaxagore de Clazomènes (500-428 av.J-C)

Quant à Anaxagore de Clazomènes (VIe-Ve siècle av. J.C.), il professait que c'est le « Noûs », l'esprit transcendant, qui a mis en ordre le chaos originel, comme le reprend le *Coran* dans la Sourate des Prophètes XXI, 30 :

> *Les cieux et la terre formaient une masse compacte. Ensuite Nous les avons séparés.*

7) Héraclite d'Ephèse

Héraclite d'Ephèse, né en 550, est mort en 480 avant J.C. Sa philosophie qui repose sur le concept du mouvement est restée célèbre à cause de la formule « Tout coule. On ne se baigne jamais deux fois dans le même fleuve ».

S'opposant aux Eléates qui professaient l'immuabilité et l'immutabilité de l'Etre, il déclare que tout est soumis au devenir. Cette idée se trouve exprimée dans la Sourate XXVIII, Al-Qasas (Le récit), au verset 88 :

« Tout est périssable. »

Autrement dit, il n'existe rien d'immuable, d'éternel si ce n'est Dieu.

CHAPITRE XI

PLATON

Mais c'est la figure de Platon qui est omniprésente dans le Coran. Né en 427 avant J-C d'une famille aristocratique, Platon devint en 408 le disciple de Socrate. Après la mort de son maître, il entame une longue série de voyages en Grèce, en Egypte, en Italie du Sud. Sur l'invitation de Denys l'Ancien, il se rend à Syracuse, en Sicile. Mais il se brouille avec ce dernier qui le chasse. De retour à Athènes, il fonde l'Académie en 387.Denys le Jeune l'invite à deux reprises en Sicile où il se rend encore mais cette expérience est décevante.C'est alors qu'il consacre sa réflexion à la constitution d'un Etat idéal.

Son œuvre est constituée de 28 dialogues authentifiés dont l'*Apologie*, le *Criton*, la *République*.

Sa phiosophie qui repose sur le dualisme de la Matière et de l'Idée touve son illustration dans l'Allégorie de la Caverne.

1) L'allégorie de la Caverne

Ainsi, la Sourate de la Caverne (XVIII), source du soufisme, semble être une parabole de l'allégorie platonicienne de la Caverne qui ouvre le VIIe Livre de la *République* de Platon.

Des prisonniers sont enchaînés dans une grotte sur les parois de laquelle ils ne voient que des ombres confuses. Ces lueurs ne constituent que des leurres car elles sont les reflets de la vraie lumière et du monde des idées. La situation de ces prisonniers symbolise la condition de l'homme vautré dans le monde sensible et n'ayant qu'une vue déformée du monde intelligible qui est l'unique réalité. Seul le philosophe qui s'est dégagé des contingences terrestres par une ascèse spirituelle est à même de contempler le Soleil véritable et les Idées éternelles.

Telle est la démarche des jeunes gens de de la « Sourate de la caverne ».

Persécutés par un roi mécréant, ces jeunes gens accompagnés de leur chien s'étaient réfugiés dans une grotte.Alors qu'ils y avaient séjourné durant 309 ans, ils croyaient qu'ils n'y avaient passé que quelques jours. Il aura fallu que l'un d'eux, désireux de se ravitailler en provisions, s'élevât hors de la caverne pour aller au marché voisin.Les marchands lui firent comprendre que les pièces de monnaie qu'il tenait n'avaient plus cours depuis trois siècles. Alors, il fut éclairé de ce miracle et, à son retour, il en informa ses camarades.

Même si les deux situations sont différentes, elles sont caractérisées cependant par la même attitude philosophique.Le sage doit remonter de bas en haut pour s'extirper de l'obscurantisme, des ténèbres, afin de parvenir à la lumière de la vérité située hors du monde sensible. Ensuite, comme Socrate, après avoir contemplé les Idées éternelles, il doit revenir auprès des siens pour les édifier moralement, même au péril de sa vie.

2) La condamnation des poètes

On connaît la fameuse condamnation que Platon a formulée à plusieurs reprises à l'encontre d'Homère. Toutefois, ce jugement si sévère qui, au-delà du poète grec, touche tous les arts et notamment la poésie, n'est que l'expression de la philosophie platonicienne.Il ne peut être compris que si on le met en relation avec l'allégorie de la caverne.

Ainsi le vulgaire ne perçoit que les pâles images de la Vérité située dans un monde idéal. Ces représentations affaiblies ne sont que l'imitation de l'Idée et l'art, qui cherche à reproduire les objets du monde sensible, apparaît comme une imitation au second degré, c'est-à-dire l'imitation d'une imitation.

Donc les arts, en particulier la poésie, sont bannis au nom de la Vérité qui doit être la seule fin de toute éducation. En effet, la poésie, propagatrice de mythes, éloigne de la connaissance rationnelle à laquelle tend la philosophie.

La condamnation des poètes comme incapables d'accéder à la vérité et funestes à l'éducation des enfants se retrouve aussi bien chez Platon (*République*) que dans le Coran « Sourate des Poètes », XXVI. Seuls sont dignes d'éloges ceux qui sont inspirés par la divinité, reconnaissent et Platon et le Coran qui révèle :

> *Et quant aux poètes, ce sont les égarés qui les suivent. Ne vois-tu pas qu'ils divaguent dans chaque vallée et qu'ils disent ce qu'ils ne font pas ? A part ceux qui croient et font de bonnes œuvres, qui invoquent souvent le nom d'Allah.*

3) Le mythe d'Er

Le mythe d'Er, qui clôt le Xe livre de la République, décrit le jour du jugement dernier dans les mêmes termes qu'empruntera le Coran.

Er était un guerrier pamphylien qui était tombé mort au champ de bataille. Au moment où l'on allait recueillir son corps pour procéder à ses funérailles, il ressuscita et se présenta comme un envoyé de la Divinité qui avait reçu la mission de révéler aux hommes comment se déroulerait le jugement dernier.Le récit de ce mythe platonicien s'accorde mot pour mot avec l'eschatologie coranique.

Dans La *République* comme dans le Coran « La déchirure » LXXXIV, 7-10), *Celui qui recevra son livre de comptes en sa main droite sera soumis à un jugement facile, et retournera réjoui auprès de sa famille. Quant à celui qui recevra son livre derrière son dos, il invoquera la destruction sur lui-même et il brûlera dans un feu ardent.*

Cette rencontre entre la *République* de Platon et le Coran se trouve confirmée par Youssef Seddik qui a remarqué la similitude de la description de la fin du monde et du jugement dernier dans les deux textes :

> *Coran LXIX, 13-20 et 25-26. N'est-ce pas la même « station », le même paysage et le même saisissement qui se sont emparés du Platon du livre X de la République ? Face au « fuseau de la nécessité », Er, le « vaillant Pamphylien », non seulement a vu, lui aussi, « les âmes des justes se diriger vers la droite munies de l'écriteau consignant leurs actes, mais encore « les âmes méchantes » s'en aller « à gauche » flanquées d'un écriteau qui rend compte de leurs méfaits. »*

Force est alors de se demander si Platon n'était pas un « Prophète de l'islam », comme le pensent d'éminents exégètes du Coran.

CHAPITRE XII

LES POST- SOCRATIQUES

Même les Post-socratiques sont présents dans le Coran.

1) Aristote

Aristote est un philosophe du IVe siècle av. J-C. qui a été disciple de Platon.Contemporain de Démosthène, né et mort aux mêmes dates que le grand orateur, il a suivi les cours de Platon à l'Académie durant vingt ans.Déçu de n'avoir pas été choisi pour succéder à son maître à la tête de l'Ecole, comme scholarque, il part pour l'Asie Mineure dans l'intention de fonder un centre d'enseignement. D'abord précepteur d'Alexandre le Grand à la cour du roi Philippe de Macédoine, il retourne ensuite à Athènes pour y fonder le Lycée.Ses grandes œuvres furent éditées à Rome au Ier siècle avant J-C par Andronicus de Rhodes.Elles furent redécouvertes par les Arabes au Moyen âge.Savant à l'esprit encyclopédique, Aristote s'est intéressé non seulement à la philosophie mais encore au langage, à la science et surtout à l'histoire naturelle. C'est Aristote qui a créé la logique ou méthode de raisonnement discursif .Le syllogisme aristotélicien qui est la forme la plus achevée du logos grec n'est pas inconnu du Coran. Michel Cuypers et Geneviève Gobillot, tout en reconnaissant qu'il n'existe dans le Livre Saint des musulmans aucun syllogisme complet, sont convaincus avec Ghazâli (célèbre théologien et philosphe musulman du Xe siècle, mort en 1111) que ce genre de raisonnement est récurrent dans les Sourates.

Le syllogisme consiste à poser deux propositions appelées prémisses dont l'une est la majeure et l'autre la mineure et à en tirer une conclusion. L'exemple le plus connu est ainsi libellé :

Tous les hommes sont mortels : majeure

Or Socrate est un homme : mineure

Donc Socrate est mortel : conclusion.

Pour Ghazali, le verset 22 de la Sourate XXI comporte bien un syllogisme sous forme hypothétique, même si la mineure et la conclusion sont sous-entendues.

Le Coran affirme :

> *Si des divinités autres que Dieu existaient, le ciel et la terre seraient corrompus.*

La mineure sous-entendue pourrait être formulée ainsi :

Or le ciel et la terre ne sont pas corrompus.

Quant à la conclusion sous-entendue, elle pourrait être :

> *Donc il n'existe pas d'autre divinité que Dieu.*

La même argumentation se retrouve dans le verset 91 de la Sourate XXIII :

> *Dieu ne s'est pas donné de fils ; il n'y a pas de divinité à côté de lui, sinon chaque divinité s'attribuerait ce qu'elle aurait créé ; certaines d'entre elles seraient supérieures aux autres.*

Ici, l'on constate que la conclusion se trouve au début du verset. Il s'agit de contester la doctrine chrétienne qui enseigne que Dieu a un fils. Le raisonnement a été agencé selon un syllogisme inversé :

Majeure : s'il y avait des divinités à côté de Dieu, chacune d'elles s'attribuerait ce qu'elle aurait créé et certaines d'entre elles seraient supérieures aux autres.

Mineure : Or personne ne revendique la création ni ne s'estime supérieur à Dieu.

Conclusion : Donc, il n'y pas d'autre dieu que Dieu et Dieu ne s'est pas donné de fils.

S'il y a en effet un philosophe grec qui ait été lu, traduit et commenté par les lettrés arabes, c'est bien d'Aristote qu'il s'agit. Et même certaines de ses œuvres qui ont disparu n'ont pu être reconstituées qu'à partir de traductions arabes.

2) Le cyrénaïsme

Le Cyrénaïsme (IVe siècle av. J-C.) d'Aristippe de Cyrène qui enseignait à ses disciples de jouir des plaisirs de l'instant présent, fugaces et éphémères, est condamné à la Sourate XX, 131 :

> *Et ne tends point tes yeux vers ce dont Nous avons donné jouissance temporaire à certains groupes d'entre eux...*

3) L'épicurisme

La philosophie d'Epicure (341-270 av.J-C) fait des plaisirs le principe du bonheur. Toutefois, Epicure divise les plaisirs en trois catégories : les plaisirs naturels et nécessaires comme manger et boire, les plaisirs naturels mais non nécessaires comme la bonne chère et les plaisirs non naturels et non nécessaires comme l'exercice du pouvoir. Le sage épicurien ne doit rechercher que les plaisirs naturels et nécessaires. Du reste, Epicure lui-même ne mangeait que du pain et ne buvait que de l'eau.

Le Jardin d'Epicure où les hommes vivent dans l'ataraxie et la béatitude n'est pas différent des Jardins du Paradis coranique LXXXV, 11 : *Ceux qui croient et accomplissent les bonnes œuvres auront des jardins sous lesquels coulent des ruisseaux. Cela est le grand succès.*

4) Le stoïcisme(IVe S. av.J-C)

Fondé par Zénon de Cittium, le stoïcisme issu du cynisme de Diogène de Sinope, enseigne à maîtriser la souffrance et à accepter d'un coeur égal les revers de l'existence. Le sage stoïcien, qui reconnaît l'existence de la Providence, dispensatrice de maux et de biens, est convaincu que tous les événements sont liés dans l'ordre cosmique.

Cette école philosophique est représentée dans la Sourate XXXI, 17 (Luqman) : *Supporte ce qui t'arrive avec patience.*

Elle se retrouve également dans le verset 5 de la Sourate XX « Les voies d'ascension » :

> *Supporte donc d'une belle patience.*

Ainsi parlait Epictète : « Abstiens-toi et supporte ».

Car, disait Marc-Aurèle, tout ce qui arrive arrive justement.

5) Le scepticisme

Fondé par Pyrrhon d'Elis(365-275 av.J.C), le scepticisme ou pyrrhonisme professe que l'homme est incapable d'accéder à la vérité.

S'appuyant sur l'affirmation de Protagoras d'Abdère qui prétend que l'homme est la mesure de toutes choses, autrement dit que toute vérité est subjective, les sceptiques suspendent leur jugement, d'où leur autre nom d'éphelcystiques. L'homme étant le jouet de ses sens, il ne doit ni affirmer ni infirmer.

Il en est de même du scepticisme que le *Coran* évoque fréquemment sous cette forme : Et Allah sait alors que vous ne savez pas II, 232 « La Vache ».

6) La voix de Saint Augustin

Saint Augustin, né en 354 en Afrique du Nord, mort à Hippone en 430, a été l'un des plus célèbres théoriciens du platonisme « chrétien ». Evêque d'Hippone à partir de 395, il est l'auteur d'une œuvre immense : *Les Confessions, Le Maître, La Trinité, La Cité de Dieu. Les Confessions* (397) représentent le récit d'un itinéraire spirituel de l'incroyance vers la foi. *Le Maître* (388) est un dialogue avec son fils Adéodat mort en 389, à l'âge de 17 ans. *La Trinité* (400) est une ascèse vers la divinité. *La Cité de Dieu* (410) est une réponse à la question de la vraie religion.

Dans *Les Confessions*, saint Augustin nous révèle que sa conversion s'est effectuée à la suite d'une voix mystérieuse qu'il avait entendue :

> *Et ecce audio vocem de vicina domo cum cantum dicentis et crebro repetentis quasi pueri an puellae, nescio : « tolle lege, tolle lege ».*
> *Et voici que j'entends une voix venant d'une maison voisine ; on disait en chantant et l'on répétait fréquemment avec une voix comme celle d'un garçon ou d'une fille, je ne sais : « Prends, lis ! Prends, lis ».*

Cette voix mystérieuse semble être la même que celle de l'ange Gabriel qui s'adresse au Prophète en ces termes :

« Lis, au nom de ton Seigneur qui a créé, qui a créé l'homme d'un caillot de sang. Lis ! Car ton Seigneur le Très Noble est celui qui a enseigné par la plume. Il a enseigné à l'homme ce qu'il ne savait pas (IVC, 1-5) ».

Cette sourate est censée être la première révélation du Prophète. La tradition raconte qu'à l'époque, celui-ci se retirait pendant le mois de Ramadan dans la caverne de Hira, au Mont Nour, dans la banlicuc dc la Mccquc.

L'identité de l'injonction de la voix surnaturelle se poursuit jusque dans l'absence de compléments d'objets : « Lis ! ». Mais que lire ? saint Augustin s'est mis à lire saint Paul ! Quant au Prophète, il serait faux de prétendre qu'il était illettré. Car alors, pourquoi Dieu omniscient lui aurait-il ordonné de lire par l'intermédiaire de l'ange alors qu'il ne savait pas lire ?

De même, la simulitude se prolonge jusque dans la répétition de l'ordre :

> *« Lege, Ikhra, lis ».*

En réalité, il est possible que ces deux récits soient tirés de la même source.

Il convient de signaler que les Arabes ont été très tôt en contact avec les écrits des auteurs grecs et latins. Déjà, sous

Al Mamoun et les premiers Califes abbassides, beaucoup de traités philosophiques grecs furent traduits en arabe. Ce bouillonnement culturel a du reste permis de sauvegarder de nombreux textes grecs perdus mais reconstitués par l'intermédiaire de ces traductions. En somme, il n'est pas exagéré de dire que l'islam constitue une religion occidentale.

Cinquième partie

Philologie

Le premier grammairien arabe fut Abul-Aswad ad-Du'alî, de la tribu des Kinâna. C'est le Calife Ali qui lui avait demandé de protéger l'arabe et d'en fixer les règles précises. Sous le règne de Hârûn Ar-Rachid, les traités de grammaire se multiplièrent. C'est alors qu'Al-Khalifa b. Ahmad al Farâhîdî (VIIIe s.) perfectionna l'art de la grammaire et forma de nombreux disciples dont le plus éminent fut Sîbawayh. Ce dernier rédigea son fameux livre *Kitâb* qui servit de modèle à tous ses successeurs.

Le Coran précise dans de nombreux versets que la Révélation est exprimée en langue arabe. Cette langue arabe est même qualifiée de parfaitement claire. Et pourtant, une grande partie du lexique coranique est d'origine gréco-latine. Naturellement, certains exégètes ont toujours refusé l'existence de ce vocabulaire non-arabe dans le Coran. Telle est en substance la position de l'Imam Shâfi î (IXe s.), d'Abou 'Ubayda (IXe s.), de Tabari (Xe s.) et d'Ibn Fâris (Xe s.). D'autres estiment que ces mots dits étrangers ont été empruntés à l'arabe ou assimilés par l'arabe. Enfin, certains théologiens sont d'avis que le Coran se référerait à toutes les langues de l'humanité pour assurer l'universalité du message divin. En réalité, la langue coranique, qui s'est constituée à l'intérieur des frontières de l'Empire byzantin où le grec était la langue officielle et qui s'est fixée sous le 3e calife Othman

(644-656 ap. J-C), n'a pas manqué de subir l'influence de l'hellénisme tant dans le lexique, la phonétique et la morphologie que dans la syntaxe.

CHAPITRE XIII

LE LEXIQUE

Ali Mérad a déjà publié une longue liste de mots coraniques d'origine grecque.

1) Multiplicité des termes grecs dans le Coran

Qu'il nous soit permis de reproduire ce tableau qui illustre de façon éclatante la dette de la langue du Coran à la Grèce ancienne :
Burûj, pl. de burj/burg : tour, enceinte fortifiée (πύργος)
Iblis : démon (διάβολος)
Darâhim : drachmes (δραχμή)
Dînâr : dinar (δηνάριον = latin denarius).
Firdaws : paradis (παράδεισος)
Hudâ/hodé : voie de salut (οδός de οδη)
Injîl : évangile (euangellion)
Mâjûs : mages, zoroastriens (μάγος)
Maqâlîd (de iqlîd) : clefs (κλειδά)
Marjân / margân : corail (μαργαρίτης)
Qalam : calame (κάλαμος)
Qirtâs / quartâs : rouleau de parchemin (χάρτης)
Qurûn : siècles (χρόνον accusatif de χρόνος)
Raqîm : crevasse, gouffre (Ρηγμα déchirure du sol)
Rûm : Byzantins (Rωμαϊοι)
Samiyya : signe (σημα)
Atqana : fabriquer avec art (τέχνη)
Ustûra : histoire ancienne, légende (istoria)
Yâqût : hyacinthe (υάκηνθος)
Zanjabîl / Zangabîl : gingembre (ζιγγίβερις)

Zukhruf (Zokhrouf) : ornement (ζωγραφία : peinture, tableau).

2) Présence du grec dans la formation de l'arabe coranique

A la suite d'Ali Merad, Youssef Seddik a magistralement démontré le caractère grec de la langue du Coran dans ses deux ouvrages remarquables, *Nous n'avons jamais lu le Coran* et *Le Coran autre lecture, autre traduction.* Bon nombre de termes ont été répertoriés dans ces œuvres qui illustrent indiscutablement la présence de l'hellénisme dans le message d'Allah. Citons-en quelques exemples.

Le corbeau *korax (κοραξ) chiqrâq*

'Alif (alpha) ; bâ (béta) ; jîm (gamma) ; dâl (delta), etc. Et l'auteur d'expliquer que sous le califat de 'Abdelmalik Ibn Marwân (705-746), l'administration rompt avec l'usage du grec qui était la langue officielle depuis le gouvernement de Mu'awya sur la province de Syrie. La conséquence fut l'abandon du classement alphabétique grec au profit d'un nouvel ordre plus mnémotechnique qui rassemblait les lettres selon leur similitude formelle (*bâ, tâ, thâ).*

Sapha *σαφα*, adverbe de saphès (*σαφης)* serait à l'origine de l'arabe *safa'* alors que *marwa* viendrait de *marôneïn* (Μαρώνειν), nom de sites antiques en Attique et en Thrace. « *Kawthar* » que les traducteurs français rendent par « affluence » ou « abondance » dériverait plutôt de catharsis (*κάθαρσις*) qui désigne une purification. Abâbil serait formé sur *βάλλω* (lancer). *An-najas* aurait été formé sur *énagès* (έναγής) qui signifie souillure. Le mot *ghurnuq* ou *ghirnûq* (grue) est directement arabisé du grec géranos (γέρανος). *Al' Anfal*, pluriel généralement traduit par « butins », signifie libations (νηφάλιος). *Harth* (le labour) comporte la même racine que le grec « *arotos* » (labour). *Enkuhè* qui signifie en grec « contrat de mariage » recoupe exactement le mot arabe « *nikâh* » qui possède le même sens.

Le mot « *abtar* » contenu dans la Sourate VIII, verset 3 dériverait du mot grec α-πτερον, soit celui qui est privé d'ailes. En arabe, cette périphrase désigne l'homme qui n'a pas laissé un héritier mâle pour lui succéder. Dans la sourate VII, verset 46, se trouve le terme *sîma* qui est sans conteste le vocable grec *sêma*, signe distinctif, marque de reconnaissance.

De même *sounboulatoune* (II, 261) qui signifie « épi » semble provenir du grec συμβολη (symbole). En effet, chez les Grecs comme chez les Arabes, l'emblème d'une convention, comme le Pacte caravanier de la sourate CVI, est constitué d'un épi. Le terme de *Rûm* (Les Romains) qui est le titre de la sourate XXX vient du grec *Rômaïoi*. Il désigne les habitants de Byzance qui était également appelée empire romain d'Orient et dont la langue officielle était le grec.

3) Rapports entre le latin et le grec et la langue du Coran

Toutefois, c'est à Salah Elatri que revient la palme dans ces recherches de racines communes entre les langues latine et grecque et l'arabe coranique.

Dans sa thèse de doctorat présentée devant l'Université de Paris IV le 24 novembre 1973 sur *Les rapports étymologiques et sémantiques des langues classiques et de la langue arabe*, M. Elatri démontre magistralement la présence de l'indo-européen dans les noms de nombre et les termes religieux arabes. Il a réussi à faire la lumière sur l'existence d'un fonds lexical des langues classiques dans le vocabulaire arabe, particulièrement dans les mots en usage dans le Coran. Même si certains rapprochements paraissent discutables et quelque peu forcés, il n'en demeure pas moins que ce travail admirable ne laisse plus planer aucun doute sur le caractère indo-européen de l'arabe coranique.

- L'adjectif *âkhiroune* Coran 28,77, féminin ahiratun (dernier, suprême extrême), est formé sur le grec *akros* qui a le même sens.

- *Idrîsun* (Coran XIX, 56 ; XXI, 85) est issu de ιδρις (*idriss* : savant, instruit, habile). Le prophète Idriss était réputé comme un homme de science, versé dans les arts pratiques et le premier à employer la plume, à pratiquer l'art de la couture.

- *Asbâtum,* pluriel de *sibtun* (Coran II, 140) signifie « tribu » et provient du latin *saepta* (enceinte). Les tribus et les centuries étaient séparées et parquées dans des enceintes lors des élections à Rome.

- *Ususun* (Coran IX, 109) : fondements.

L'étymologie est à rechercher dans le participe parfait passif de « *assideo* » qui fait *assessus.*

Aslama (Coran VI, 163) est la IVe forme de *salama* dont le sens exprime l'idée de se livrer entièrement à la volonté de Dieu. Ce mot est à l'origine du vocable *islâmun* (islam). Les stoïciens, comme les chrétiens et les musulmans, se proposaient de se soumettre entièrement à la volonté divine pour assurer leur salut. Le terme *salus* « le salut » se retrouve dans les salutations latines comme *salutem dare, dicere* (saluer), *salutem reddere* (répondre au salut). Le salut est aussi l'état de celui qui est sain et sauf, qui est resté intact, d'où le grec *olos* entier.

Salus se retrouve également dans le verbe arabe *salà* (prier Dieu, faire des prières). Du reste, les gestes de la prière musulmane reproduisent celles de la salutation et le fidèle musulman termine sa prière par la formule *as-salâmu 'alaykum* », en latin « *salutem vobis* ».

- *Amsâgun* (pl. *amâsîju)* (Coran LXXVI, 2) signifie « mélangé » ! Son étymologie est à rechercher dans le grec μίγνυμι « mêler, mélanger » ou le latin *misceo* de même sens.

- *Âmana* (Coran II, 285) signifie avoir confiance, être en sécurité dans la foi. Il est de la même famille que *Amîn* ou *Amen.* Cette racine doit être mise en relation avec le verbe latin *immunire* fortifier par des murailles (*moenia*), le substantif immunitas : protection, tutelle, immunité.

- *Ingil* (Coran III, 3 ; V, 110 ; VII, 157 ; IX, 111 ; XL VIII, 29 ; LVII, 27) signifie Evangile, du grec *euangelion* Bonne nouvelle.

- *Burunğun* (Coran XV, 16 ; XXV, 61 ; LXXXV ; LXXXV, 1) signifie« tours », avec le sens de « signes du zodiaque ».

Il viendrait du grec πύργος « purgos », tour.

- *Barzakh* (pl. *barāzikh*) (Coran XXIII, 100. xxv, 53 ; LV, 20) est un mot qui désigne un intervalle de temps ou d'espace entre deux époques ou deux endroits. Habituellement, il est compris comme le lieu de séjour entre la mort et la résurrection. Son étymologie grecque serait παρασάγγης parasange, qui est une mesure de distance.

- *Bâraka* (Coran XVII, 1 . XVII, 1; XXI, 71, 81) existe sous la forme *barakâtun* (VII, 94; XI, 50, 76) et *mubârakun* III, 90 ; VI, 92, 156 etc.).Il a le sens de « bénir en parlant de Dieu ». Il dériverait du latin *parcere* qui fait *parce* à l'impératif, épargner, protéger.

- *Tâbâtun* (Coran XX, 39) .Ce mot signifie « arche d'alliance, coffret, cercueil ». Il est en relation avec le grec θάπτω enterrer, inhumer.

- *Tafsârun* (CoranXXV,3)désigne l'explication, l'interprétation, le commentaire. Le verbe correspondant est *fassara* : « découvrir ce qui était caché » qui vient de *fissura* : « fissure », « fente ».

- *Tawratun* (Coran III, 3 ; V.46, 110 ; VII, 157 ; IX, 111 ; XLVIII, 29 ; LXI, 6 ; LXII, 5).Il s'agit de la Thora, la loi mosaïque, le texte sacré révélé par Dieu aux Juifs. Son étymologie est θεόρρητος (dicté par la divinité).

- *Hablun* (Coran XX, 66 ; XXVI, 44 ; CXI, 5). Ce terme qui signifie « corde », « cable », « lien » est à rattacher au latin *capulum* devenu *caplum* en bas latin.

- *Khaymatun* (pluriel : *khiyâmun*),Coran LV, 72. Le sens de ce mot est « tente ». Il viendrait du grec oikêma (habitation, demeure, maison, tente).

- *Dînun* (Coran I, 40) traduit la croyance, la religion et dériverait de *divinum* : divin.

- *Zanjabîl* (Coran LXXVI, 17).C'est le gingembre qui se dit ζιγγίβερ (*zinjiber*) en grec.

- *Zawjun* (Coran II, 35).Il signifie « paire », « couple » époux, épouse.Son étymologie probable est *zugone* : couple, paire d'animaux.

- *Sigillun* (Coran XXI, 104).C'est le sceau qui se dit *sigillum* en latin.

- *Sakarun* Coran XV, 15, 72 ; XXII, 2.

Il s'agit de vin ou de toute autre boisson alcoolique. Le mot se rapporte au grec σίκερα (boisson fermentée). Il est de la même famille que « sucre », du fait que le sucre est à la base des boissons fermentées.

Siatun

Coran VI, 65, 159. Secte, parti vient du latin *secta* qui a le même sens.

Siddîqun

Coran ; XII, 46 ; XIX, 41, 56 ; LVII, 18 intègre, juste, véridique. Le mot dérive du grec σύνδικος *sundikos* qui assiste en justice ».

Tûrun IV, 154 ; XCV, 2

Mont, montagne vient du grec το ορος par suite d'une crase entre l'article et le nom.

Atîqun

Coran XXII, 29, 33

Cet adjectif qui qualifie la Ka'ba signifie « ancien » et dérive incontestablement du latin antiquus.

'Adnun

Coran IX, 72 ; XIII, 23 ; XVIII, 31 ; XX, 76.

Eden, du grec ηδονή (hédoné) le plaisir

Arsun

Coran IX, 129. Pourrait provenir du latin arca (coffre, boîte, arche) ou du grec *arkhos* : chef, commandant, maître.

- *Adimum*

C'est l'un des 99 attributs de Dieu : incommensurable

Coran IIL, 5

L'étymologie probable est le latin *optimus* : « excellent », « très bon », qui est un attribut de Jupiter, le roi des dieux.

35 *Firdawsun* (pluriel de *faradisun*)

Coran XVIII, 167 ; XXIII, 11 C'est le paradis qui a pour étymologie le grec παράδεισος.

Qirtâs (pluriel *Qaràtis*).

Coran VI, 7, 91.

Ce mot, qui désigne le parchemin, le papyrus, dérive du grec χάρτης qui a donné le latin *carta* , feuille de papyrus, écrit, ouvrage.

Qamisun

Coran XII, 18, 26, 93. Ce mot a le sens de tunique. Il est formé sur le latin *camisia* (tunique).

- *Qintârun*

Coran III, 14

Il s'agit d'une mesure qui correspond à une forte somme de monnaie d'or équivalent à 100 rathls. Il s'apparente au latin « Centenarium » qui désigne une quantité de 100 mesures. Ce sens s'est conservé dans le français quintal qui équivaut à 100kg.

- *Marganun*

Coran LV, 22, 58 signifie perle comme le grec μαργαρίς.

À ces racines communes entre le grec et le lexique arabe coranique s'ajoutent bon nombre de vocables qui confirment l'hellénité de la Révélation. C'est ainsi que qaria (VI, 92) qui signifie « pays » a été formé sur le grec *kara* de même sens. Le nom de la ville de Médine se rattache au latin *munita* (sous-entendu *urbs*), c'est-à-dire une ville fortifiée. *Sirât* « chemin », « route » (I, 5 ; XXIII, 73) est ainsi appelé par allusion à une longue voie romaine fortifiée et dallée de pierres qui traversait toute l'Arabie. Le mot latin *stratum* (strate, dénivellation) qu'on retrouve dans l'anglais *street* serait à l'origine de ce terme mystique qui suppose une élévation, une montée sur un chemin escarpé, une ascension qui se résout en une ascèse mystique. En effet, la *strata diocletiana*, du nom de l'empereur Dioclétien (245-313), reliait l'Egypte et le Nord de la Syrie en passant par la Jordanie.

Le mot *zakât* « dîme » proviendrait du terme δέκατος (décatos, dixième).

Tayr, dans l'expression *tayr abâbil* (CV, 3) qui signifie « oiseau » est en rapport avec le mot grec πτέρον (*ptéron* : aile d'oiseau).

Tîn, tinos (argile) aurait servi à former l'arabe *thîn* (XVII, 61) qui a le même sens que le mot grec.

Le verbe *istawâ*, VIIIe forme de *sawâ*, qui signifie « s'asseoir commodément », « se rendre maître de », « s'établir » est formé sur *istêmi* placer. Phonétiquement, ces deux mots arabe et grec comportent la même structure. Le radical de *istêmi* est en réalité στη/ στα – stê/stâ. La voyelle « i » constitue un redoublement :

i-στη-μι < *σί-στη-μι, l'esprit rude est la trace du σ initial. (Cf. Bertand. J., *Nouvelle grammaire grecque* 2e édition revue et corrigée Coll. Ellipses .Paris 2002 p.256. Cf. aussi Maurice Gloton. *Une approche du Coran par la grammaire et le lexique*, Editions Albouraq Beyrouth-Liban 2002 p.468). Du reste, le redoublement en « i » ne se retrouve qu'au présent. Les autres temps se conjuguent sur le degré long στη ou le degré réduit στα . Au cours de la conjugaison, le sens du verbe *ιστημι* varie, devenant tantôt transitif (placer) tantôt pronominal (se placer) comme le verbe arabe *sawa.*

Magidun (Al-Magid)

Coran XIV, 20

Ce mot est en rapport avec le latin *major*, *majestas* (plus grand, majesté). Il signifie le Noble, l'Illustre. C'est l'un des attributs de Dieu de la même façon que les rois sont désignés par l'expression « Sa Majesté. C'est aussi l'équivalent du grec *méguétos* (grandeur)

Miglâd pluriel *makhâlîd)*

Coran XXXIX, 63 : لَّهُۥ مَقَالِيدُ ٱلسَّمَٰوَٰتِ وَٱلْأَرْضِۗ

Ce terme signifie « clefs » et proviendrait de l'accusatif du mot grec *kleïs, kleïdos* qui fait *kleïda* : clef.

Millatun

Coran XII, 37 ; XVIV, 123.

Millatun, formé sur le latin *militia* (milice, service militaire, service) désigne la religion, la secte.

Mûsâ

Coran II, 51, 55 ; XI, 17.

Mûsâ deriverait du participe parfait du verbe latin *mittere* qui fait missus (envoyé)

Habituellement *Musa* est expliqué comme étant un mot égyptien issu de *Mu* (eau) et de *Sha* (Sauver). Moïse serait celui qui a été sauvé des eaux du Nil comme en témoignent Tabâri (II, 48) et Flavius Josèphe (Antiquités Judaïques II, IX-6) :

Les Egyptiens appellent l'eau Mû.

En réalité, cette étymologie fantaisiste serait une contamination de l'histoire de Romulus et Rémus sauvés des eaux du Tibre.

CHAPITRE XIV

PHONÉTIQUE ET MORPHOLOGIE

La parenté linguistique du grec et de l'arabe se prolonge jusque dans la phonétique et la morphologie.

A) Phonetique

1) Yod et digamma

Il existe en effet deux semi-consonnes yod (y) et digamma F(w) qui ont disparu du grec, et « wâw » et « yâ » qui sont instables en arabe. Leur action est néanmoins toujours perceptible dans les déclinaisons et les conjugaisons des noms et des verbes qui les contiennent.

Généralement, elles notent un allongement de la syllabe quand elles ne sont pas articulées avec une autre voyelle suivante : ξενFος évolue en ξεινος et allonge la finale avec le S.

2) La crase

C'est la contraction entre la voyelle (brève ou longue) ou la diphtongue finale d'un mot et la voyelle initiale (brève ou longue) ou la diphtongue initiale du mot suivant. La voyelle longue ou la diphtongue qui résulte de cette contraction est surmontée d'une coronis, signe qui ressemble à un esprit doux :

To émon (le mien) devient par crase *toumon*

La crase se produit surtout avec deux mots étroitement associés dans une phrase comme l'article et le substantif. Exemple : la montagne : *to oros* en grec. En arabe *tûrun* la montagne, particulièrement le mont Sinaï :

(Coran VC, 2) :« Et par le mont Sinaï ».

Wa tûri sînîna

La particule *allâ* constitue une crase très fréquente dans le Coran. Elle dérive de la fusion de *ann* «que »et de *lâ* « ne...pas » . Coran III, 41

Quant à *illâ*, il est formé de *inn* (si) et de la négation lâ (nisi en latin non+si) : si ce n'est que, sinon, sauf, à moins que (Coran II, 132, 235, 275 ; III, 2 ; VI, 26 ; XI, 6, 26).

B) Morphologie

La morphologie du grec et celle de l'arabe coranique présentent de nombreuses similitudes.

1) Le pronom

Comme le latin ou le grec, l'arabe n'exprime le pronom personnel sujet que pour des raisons d'insistance.

Ainsi, *luô* et *amo* signifient respectivement « je délie » et « j'aime ». Les désinences indiquent à la fois le temps et la personne. Il en est de même de l'arabe *af'alu* « je fais ». *Anâ af'alu* « moi, je fais » constitue une forme d'insistance.

2) L'article

Quant à l'article *al*, il pourrait dériver du pronom latin *ille* (ce, celui-ci) . En effet, on le trouve quelquefois avec sa valeur de démonstratif. Exemple : *al-âna* ce moment-ci, maintenant.

3) L'adverbe

Certains adverbes arabes se reconnaissent aisément par leur étymologie indo-européenne. Citons-en quelques-uns.

Thumma ensuite, alors, du latin : *tum* (alors).

Hunâ ici, du latin *hunc-ne*.

Hunâka là-bas, du latin *hunc-ecce*.

Hunâlika là-bas, du latin *hunc-illic*.

Idan alors, du latin *idem*.

La particule d'interrogation «a » « est-ce que ? » semble provenir du grec *« ê »*, est-ce que ?

XII, 90

Toi, es-tu donc bien Joseph ?

أَءِنَّكَ لَأَنتَ يُوسُفُ

XXXVII, 11

Ahum achaddu khalkhan…

Est-ce qu'ils sont plus difficiles à créer ?

Comme on le constate, l'adverbe interrogatif s'emploie aussi bien dans l'interrogation directe que dans l'interrogation indirecte, exactement comme la particule grecque.

4) La préposition

Bon nombre de prépositions arabes en usage dans le Coran trahissent leur origine gréco-latine.

- *Tahta* « sous » viendrait du latin *tectum* qui fait à l'accusatif pluriel *tecta* (toit, couverture, abri).
- *Mitla* reprend le latin *modelum* (modèle)
- *Mâ* (avec) dériverait du grec *metâ* et du latin medius qui signifient « avec, au milieu de ».

Comme dans les langues classiques, les prépositions arabes régissent généralement le cas indirect :

وَمَا مِن دَآبَّةٍ فِى ٱلْأَرْضِ إِلَّا عَلَى ٱللَّهِ رِزْقُهَا

Coran XI, 6

> *« Et dans le globe terrestre, nul animal ne se meut sans que sa subsistance n'incombe à Dieu. »*

5) Les adjectifs numéraux

Les adjectifs numéraux arabes tirent pour la plupart leur origine des langues classiques.

- *Trois « talatatum »* proviendrait du latin *tres* de même que la fraction « tiers » « soulous » a été formée sur *tertius* (troisième).

- *Six sittatun* et sixième (*sâdisun*) et (*sudusun*) viendraient du latin *six* (six) et *sextus* (sixième).

- Sept *sab'atun* et septième (*sâbi'*) dériveraient du latin *septem* et *septimus.*

- mille (*alfun*) s'apparente au système de numération par lettres qui était en usage chez les Grecs. Le nombre « mille » était représenté par la lettre grecque *A* écrite avec un iota adscrit à gauche (*iA).*

Laylatul khadri khayrun mine alfi chahrine
« La nuit d'Al Qadr est meilleure que mille mois ».

6) Le verbe

a) Accompli et inaccompli

Comme dans les langues classiques où existe une opposition entre le perfectum et l'imperfectum (*amo/amavi),* les verbes arabes expriment deux aspects temporels de l'action, celui de l'accompli (*al-mâdî*) et celui de l'inaccompli (*al-mudâri*).

Ainsi *af alu* (je fais) s'oppose à *fa 'altu* (j'ai fait), comme le grec *luo* (je délie) s'oppose à *léluka* (j'ai délié), et le latin *amo* (j'aime) à *amavi* (j'ai aimé).

Coran (XII, 2) : *Innâ* ***anzalnâ*** *hou* .

Le verbe est à l'acccompli et doit être traduit par un passé :

« Nous l'avons fait descendre ».

Coran (LXIII, 1) : *Allâhu* ***yahlamu*** *innaka rasûluhu.*

Le verbe est à l'inaccompli et doit être traduit par le présent :

« Allah sait que tu es vraiment Son messager ».

A l'accompli arabe, la désinence **T** semble provenir du participe passé passif : amo, <u>ama**t**us</u>, a, um (aimer) ; facio, <u>fac**t**us</u>, a, um. (faire).

Par l'intermédiaire du bas latin qui a donné le passé composé français, le « **t** » s'est généralisée à l'accompli :

Habeo factus « j'ai ayant été fait » d'ou le passé composé « j'ai fait ».

En arabe, l'accompli a pour désinence ce « t ».
J'ai fait : *fahaltu.*

b) Indicatif et subjonctif

De même, la différence entre la désinence de l'inaccompli indicatif en « u » et celle de l'inaccompli subjonctif en « a » n'est que le reflet des formes latines correspondantes.

Inaccompli indicatif af alu je fais.
En latin *facio.*
Inaccompli subjonctif *af ala*
En latin *faciam* (que je fasse).

Coran (LXXXIV, 9) : *Wa yankhalibu ilâ ahlihî masrûrane.*

Et il retournera joyeux auprès des siens.

Coran II, 230 : *hattâ tankiha zawdiane hayrahu.*
« Jusqu'à ce qu'elle épouse un autre conjoint ».

c)Le futur

La formation du futur des verbes s'effectue en grec de la même manière qu'en arabe par l'adjonction de la lettre « **s** ». En grec, le *sigma* se place alors devant la désienence tandis qu'en arabe le *sîn* est préfixé à l'inaccompli. Exemples : *sanuqri'uka*

Coran (LXXXVII, 6) :« Nous te ferons réciter ». *Luo* (je délie), au présent, fait *luso* (je délierai) au futur simple.

7) Les nombres

Toutes les deux langues possèdent trois nombres : « singulier » lorsque le sujet est unique, « pluriel » quand les sujets sont multiples et « duel » lorsqu'il n'y a que deux éléments qui accomplissent l'action. Il existe ainsi des noms, des adjectifs, des pronoms, des verbes qui sont au duel en arabe comme en grec où le duel est facultatif et peut être remplacé par le pluriel.

Exemple : *kharnayn* (les deux cornes (XVIII, 86).

Luo fait au duel du présent de l'indicatif *luéton* (les deux personnes délient).

C'est ainsi que dans la sourate d'ouverture, la Fâtiha, certains exégètes se sont demandé s'il faut lire

'âlamîna (Maître des mondes) ou *'âlamayni* (Maître des deux mondes).

Si l'on considère que les signes diacritiques sont postérieurs à l'établissement du Coran, on pourrait se demander s'il s'agit du pluriel ou du duel. Dans ce dernier cas, « les deux mondes » renverraient au monde visible et au monde invisible. Ainsi apparaissent les concepts platoniciens de Monde sensible et de Monde Intelligible.

CHAPITRE XV

SYNTAXE

Cette parenté linguistique est manifeste dans la syntaxe.

1) Les déclinaisons

Le grec ancien et l'arabe coranique constituent deux langues à flexions. Ils se déclinent à un certain nombre de cas, selon les fonctions qu'occupent les mots dans la phrase. En grec ancien, il existe 5 cas : le nominatif, le vocatif, l'accusatif, le génitif et le datif. Le nominatif est le cas du sujet, le vocatif celui du nom mis en apostrophe, l'accusatif celui du complément d'objet direct, le génitif celui du complément du nom et le datif, celui du complément circonstanciel auquel s'ajoute un sixième cas latin, l'ablatif. L'arabe coranique s'est contenté de 3 cas : le cas sujet qui réunit les fonctions du nominatif et du vocatif, le cas direct celles de l'accusatif et le cas indirect celles du génitif, du datif, et de l'ablatif.

Déclinaison de logos (la parole)
Singulier
Nominatif : *logos* ;
Vocatif : *logé* ;
Accusatif : *logon* ;
Genitif : *logou* ;
Datif : *logô*,

Pluriel
Nominatif : *logoi* ;
Vocatif : *logoi* ;

Accusatif : *logous* ;
Génitif : logôn ;
Datif : *logois*

Duel
Nominatif-Vocatif-Accusatif : *logé*
Génitif-Datif : *logoin.*

Déclinaison de *qalb* le cœur

Singulier
Cas sujet *qal**bun*** cas direct *qal**ban*** cas indirect *qal**bin***

Pluriel
Cas sujet *qulû**bun*** cas direct *qulû**ban*** cas indirect *qulû**bin***

Duel
Cas sujet *qal**bâni*** cas direct et indirect : *qal**bayni***

2) Les constructions syntaxiques

L'accusatif d'objet interne grec qui consiste à employer un verbe suivi d'un complément de même racine est fréquent dans le Coran (Sourate LXXXVIII, 24, La couverture) :
Fayuhazibuhul lâhul ***hazâba*** lakbar.
Alors Allah le ***châtiera*** du plus grand ***châtiment***.
Nombreux sont les emplois de ce tour en grec. Exemple: souffrir d'une souffrance cruelle.
Ce tour est utilisé à la Sourate, XLVII, 20 :
Yanzurûna ilayka ***nazara*** makhchiyyi
Ils te ***regardent*** du ***regard*** de celui qui s'évanouit.

Il s'agit d'une figure d'accusatif de l'objet interne dans laquelle le verbe et le complément d'objet appartiennent à la même famille. Il s'ensuit une certaine musicalité.

Très souvent aussi, le complément est accompagné d'un adjectif qui le détermine.

En grec, on trouve une expression comme

Nôssein nôsson agriane : ***souffrir*** d'une ***souffrance*** cruelle.

3) Le double accusatif

Le double accusatif grec qui réside dans l'usage de deux compléments d'objet direct après le verbe est récurrent dans les versets coraniques (Sourate LV, 4 Le Tout Miséricordieux) :

Allama ***houl bayâne***

« Il lui apprit la rhétorique ».

En grec, le modèle se trouve être

Didasco ***paidas grammatikène***

J'enseigne ***la grammaire [les] enfants.***

4) La prolepse

Quant à la prolepse ou anticipation du sujet que le grec construit en faisant du sujet de la subordonnée le complément de la principale, elle est d'un usage courant dans les versets, comme en témoigne cet exemple tiré de la Sourate LXXXVIII, 17 (La couverture) :

> *Afalâ yanzurûna ilal* ***ibili*** *kayfa* ***khulikhat.***
>
> *Ne considèrent-ils donc pas* ***les chameaux*** *comment* ***ils ont été créés*** *?*

La prolepse contribue à mettre en valeur une expression comme dans cet exemple où l'heure du jugement est fortement soulignée :

> *Sa yaslûnaka hanis* ***sâhati*** *ayyâna* ***mursâhâ.***
>
> *Ils te demanderont* ***au sujet de l'heure*** *quand est ce* ***qu'elle va jeter*** *l'ancre (LXXIX, 42).*

Là encore, le sujet du verbe de la subordonnée est anticipé dans la principale comme complément. Il y a là une forme de mise en relief et d'insistance.

En grec, on peut trouver une prolepse comme
Léguei ***paida*** *oti kalos* **estin**.
Il dit ***l'enfant*** qu'il ***est*** beau.

5) Le passif impersonnel

Le passif impersonnel s'emploie aussi bien en latin et en grec qu'en arabe. Cette tournure permet de traduire l'indéfini « On ».

Pugnatum est : il fut combattu, on combattit.
Coran IV, 61 :
Wa izâ ***khîla*** *lahoum.*
Et lorsqu'on leur eut dit.(Et lorsqu'il leur fut dit).

6) Les verbes d'empêchement

En VII, 12, le texte coranique présente une construction surprenante à laquelle l'exégèse traditionnelle n'avait jamais prêté attention. C'est Yousseph Seddik qui, le premier, a relevé l'étrangeté de la formule qu'il a tenté d'expliciter par un commentaire théologique. Voici en substance le texte :

> *Mâ manahaka* ***allâ*** *tasdiouda ?*
>
> *« Qu'est-ce qui t'a empêché de [ne pas] te prosterner ? »*

Et Yousseph Seddik d'écrire : *« Encore une fois, ni l'exégèse, ni les auteurs modernes n'ont été attentifs à cette construction de la phrase qui donnerait littéralement « qui t'a empêché de ne pas te prosterner », absurdité logique clairement introduite dans le texte arabe par l'« allâ » « de ne pas ». Philosophiquement, l'aspect alogique de la phrase se comprend parfaitement : Dieu dont l'ordre, le Fiat, aboutit toujours à l'être ne peut admettre que, dans ce sens, une exception lui échappe. L'apparition d'Iblis ne peut donc être que l'expulsion de sa propre négativité. Cette thèse nous permettra de présenter ailleurs les deux fragments de « Dieu lumière » et « Dieu ténèbres ».*

En réalité, par delà cette fine exégèse, la construction du verset ne saurait se justifier sans le recours à la syntaxe grecque. L'emploi de négations explétives est de règle devant l'infinitif dépendant des verbes d'empêchement.

Ces verbes *« projettent l'idée négative qu'ils contiennent sur la proposition infinitive : l'infinitif peut être affublé d'un* ***mê*** *(ne pas) dit explétif parce qu'on ne le traduit pas ».*

Lorsque le verbe d'empêchement est nié, ou s'il constitue une question dont la réponse évidente est « non », c'est la double négation explétive ***mê ou*** que l'on met devant l'infinitif.

Encore une fois, le grec représente la clef de bon nombre d'apories coraniques.

7) Accord du verbe

En arabe, lorsque le sujet suit le verbe, celui-ci reste au singulier.

Toutefois, quand le sujet précède le verbe, celui-ci s'accorde comme un attribut : l'attribut reste le plus souvent au féminin singulier avec un sujet désignant des animaux ou des objets asexués.

(cf. Blachère *Eléments de l'arabe classique,* Maisonneuve et Larose, quatrième édition revue et corrigée Paris 1997 pp.46-49).

Ces règles ne sont pas sans rappeler l'accord du verbe grec au singulier si le sujet est un pluriel neutre : ***Ta zôa trékei***. Les animaux courent.

(cf. Joëlle Bertrand Op. Cit.77).

Le verset 129 de la sourate XX illustre parfaitement ces règles d'accord.

Wa lawlâ ***kalimatoun*** *sabakhate mine rabbika* ***lakâna*** *lizâmane wa* ***adialoune*** *moussammâ.*

« N'eussent été un décret préétabli de ton Seigneur et un terme prédéterminé, leur châtiment aurait été inévitable ».

Les deux sujets de la proposition sont respectivement ***Kalimatun*** (féminin) et ***dialun*** (masculin). L'accord de ces sujets, objets asexués, avec le verbe se fait au singulier.

8) Le démonstratif

En grec comme en arabe, le démonstratif est toujours accompagné de l'article, contrairement au fraçais par exemple. Pour traduire « ce livre », le grec et l'arabe mettent le démonstratif, suivi de l'article et du nom : ***dhâlika al*** *kitâb, littéralement,* ***ce le*** *Livre, soit : ce Livre.* (*Coran* II, 1).

En grec, on traduirait :

Tode to *biblion* (***ce le*** livre), soit : ce livre.

A la lumière de cette grammaire comparée du grec et du latin avec l'arabe coranique, il semble désormais déraisonnable de tenter de nier le fonds hellénique du message divin. Il ne s'agit nullement d'emprunts que les Arabes auraient faits à la langue grecque. C'est bien d'une source commune qu'il s'agit. Aussi n'est-il pas exagéré de dire que l'islam constitue une véritable religion universelle en tant qu'il réalise le métissage entre la culture gréco-latine et la civilisation arabo-islamique.

Sixième partie

Rhétorique

Un des domaines où les Arabes ont le plus subi l'influence hellène est assurément la rhétorique. Très tôt, les grammairiens arabes se familiarisèrent avec la *Poétique* et la *Rhétorique* d'Aristote.

Il semble que les figures de style grec aient été employées bien avant l'avènement de l'islam. Les premiers à les utiliser furent Bashshâr Burd et Ibn Harma. Mais c'est Ibn Al Mu'tazz qui leur donna leur forme définitive.

Le Coran porte la marque indiscutable de la rhétorique grecque non seulement par l'usage de la composition circulaire mais encore par le style formulaire et par l'abondance des figures de style.

CHAPITRE XVI

LA COMPOSITION CIRCULAIRE

Le Coran et l'*Iliade* présentent les mêmes procédés de composition. En effet, l'œuvre d'Homère se caractérise par le soin particulier apporté à la technique d'agencement que les critiques ont appelée la composition circulaire. Identiques sont les principes qui régissent la composition du Coran comme en attestent les travaux de Michel Cuypers[3]. Chez Homère, il existe une contexture géométrique ou circulaire que les anglo-saxons appellent la Ring composition[4] et qui consiste à reprendre à la fin du poème, de manière inversée, des thèmes exposés au tout début. Depuis la période alexandrine, les savants ont noté cette particularité qui concerne non seulement l'ensemble de l'épopée mais encore les divers chants pris séparément. La même technique de composition se retrouve aussi bien dans l'architecture du Coran que dans les sourates elles-mêmes.

---

[3] Michel Cuypers est un chercheur à l'Institut dominicain d'études orientales. Religieux français, membre de la fraternité des petits-frères de Jésus, il travaille sur l'analyse rhétorique du Coran. Certes, l'éminent savant assimile ces procédés à la rhétorique sémitique mais les techniques de composition qu'il illustre avec les sourates du Coran sont conformes à celles de l'*Iliade*.

[4] Aristarque, grammairien alexandrin du 2e siècle avant J.-C., a été le premier à découvrir ce procédé. Chez les modernes, il convient de signaler les travaux de J.L.Myres, « The last book of the *Iliade* », J.H.S., 52 '1932, 264-296 ; de W.A.A. Van Otterlo, De Ringcompositie als Ophouw-principe in de Episch Gedichden van Homerus, Amsterdam, 1948 et C. Whitman, Homer and the Heroic tradition, 1958, 249-284.

1) La composition d'ensemble

Dans sa présentation de l'*Iliade*, Jean Métayer écrit : « Certains savants ont cru discerner dans l'*Iliade* une structure géométrique ou circulaire, avec une reprise à la fin du poème dans le sens inverse des thèmes traités à son début. L'*Iliade* tout entière se présenterait ainsi comme un gigantesque husteron proteron (procédé selon lequel ce qui occupe la dernière place prend ensuite la première, comme dans la suite ABC CBA, grandissement à l'échelle d'une épopée entière des procédés de la Ring composition ».

Ainsi, à partir de ces procédés, Métayer démontre les correspondances entre les chants 1 et 24, 2 et 23, 3 et 22. « Il est clair, par exemple, dit-il, que le chant 1 et le chant 24 contiennent certains thèmes communs mais renversés : dialogue d'Achille avec un roi (Agamemnon au chant 1, Priam au chant 24), entrevue entre Thétis et Achille, scène entre Zeus et Tétis, voyage pour rendre une fille vivante (chant 1) ou pour chercher un fils mort (chant 24), etc., selon le schéma ci-dessous :

A- Querelle Agamemon-Achille
B- Demande d'Achille à Thétis
C- Voyage : on ramène sa fille à Chrysès
D- Demande de Thétis à Zeus
E- Querelle sur l'Olympe

E- Querelle sur l'Olympe
D- Demande de Zeus à Thétis
C- Demande de Thétis à Achille
B- Voyage : Priam va chercher le corps de son fils
A- Réconciliation Achille-Priam ».

Mais ce procédé n'est pas appliqué mathématiquement tout le long de l'épopée. Le système ne fonctionne d'une manière satisfaisante qu'aux extrémités de l'œuvre. Il semble moins convaincant vers le centre de l'Iliade.

Ces remarques de Métayer à propos de la composition de l'Iliade s'appliquent parfaitement à celles du Coran. La sourate d'ouverture et la sourate finale constituent des prières adressées à Allah qui est invoqué comme le Maître de l'Univers et le Souverain des humains. De même, la Sourate II (La Vache) qui se clôt sur une demande de protection auprès de Dieu, ressemble de ce point de vue à la Sourate CXIII qui est également une invocation votive. Quant à la Sourate III, (La Famille d'Imran) qui expose longuement la naissance de Jésus, fils de Marie, elle semble faire écho à la Sourate CXII qui proclame que Dieu n'a pas enfanté et n'a pas été enfanté. Autrement dit, Jésus, né du souffle divin, n'est pas fils du Dieu unique. La sourate CXII représente ainsi une mise au point de la sourate III.

Naturellement, de la même façon que pour l'*Iliade*, la composition circulaire n'a pas été mathématiquement utilisée dans le Coran mais elle en constitue un principe indiscutable.

2) La composition des chants et des sourates

Michel Cuypers a déjà montré l'influence de cette rhétorique grecque sur le Coran même s'il l'appelle rhétorique sémitique. A travers plusieurs sourates, il a illustré les règles de cette construction spéculaire. Voici quel en est le principe :

« Plusieurs éléments sont disposés en deux volets symétriques inversés (en miroir) soit, par exemple, ABC//C'B'A'.

Quand la construction ne comporte que quatre unités, on parlera de chiasme AB//B'A'.

Très souvent enfin, un élément central fait charnière entre les deux volets symétriques. Soit ABC//X//C'B'A' ou bien ABC//X//A'B'C'. On parlera alors de concentrisme.

Cuypers a illustré cette théorie avec plusieurs Sourates comme la Fatiha, la Table.

3) Les Sourates 111 et 112

Nous avons, pour notre part, appliqué ce schéma aux Sourates 111 et 112.

Sourate 111

A- Périsse les deux mains d'Abou Lahab et que lui-même périsse.

B-Sa fortune ne le met au large en rien, ni ce qu'il a acquis.

X-Il sera bientôt jeté dans un feu rempli de flammes.

B- De même que sa femme porteuse de bois.

A-A son cou une corde de fibre.

Quatre versets sont disposés en chiasme avec un cinquième au milieu de la Sourate qui sépare la destinée d'Abou Lahab et de son épouse. Le troisième vers qui est le point central de la Sourate évoque le terrible châtiment de l'Enfer réservé autant à l'époux qu'à l'épouse, à Abou Lahab et à sa femme Oumou Jamil, sœur d'Abou Sufyan. Le deuxième et le quatrième verset peignent la déchéance sociale du mari dont l'immense fortune sera vaine et celle de la femme, cette aristocrate réduite au métier servile de porteuse de bois. Quant aux premier et dernier versets, ils sont consacrés au châtiment physique que subiront les deux damnés dont l'un sera mutilé des mains et l'autre pendue avec une corde de fibres.

Sourate 112

Composé de quatre versets, elle peut être représentée en chiasme de manière suivante :

A- Dis: Lui, Dieu est un.

B- Dieu l'absolu qui existe et qui subsiste par lui-même.

B'- Il n'a pas enfanté ni n'a été enfanté.

A'- Et il n'existe pas un équivalent à Lui.

Comme on le voit, la composition est circulaire. Le premier verset qui proclamme l'unicité divine à la forme affirmative fait écho au quatrième qui reprend la même idée sous la forme négative. De même, le caractère absolu, autonome et éternel de Dieu, qui existe par lui-même et en lui-même, est exprimé d'abord dans le second verset ensuite dans le troisième.

La composition circulaire se perçoit également dans certains passages des chants de l'Iliade, comme le note Jean Métayer : « Par exemple dans la fameuse tirade d'Andromaque en VI, 407-439, deux anneaux (schématisés respectivement par A et A' et par B et B') encadrent le récit, fait en trois parties, des malheurs d'Andromaque (la mort de son père, de ses frères et de sa mère) : la demande faite à Hector d'avoir pitié d'elle (vers 407-409 et 431-432) et la plainte sur sa solitude (413 et 429-430). La composition est de ce type :

A- 407-409 Tu n'as pitié ni de ton enfant ni de moi, qui bientôt serai veuve.

B- 413 Je n'ai plus ni père ni mère vénérable.

Récit

1- Mon père a été tué par le divin Achille.

2- J'avais sept frères, tous abattus par Achille.

3- Il ne délivra ma mère, morte aujourd'hui, qu'après rançon.

B'- 429-430 Tu es pour moi un père, une mère vénérable, un frère et un mari.

A'- 431-432 Aie pitié, ne rends pas ton enfant orphelin et ta femme veuve ».

La composition circulaire serait la conséquence de l'origine orale de l'épopée grecque et du Coran. Outre que cette construction met en valeur les récits et les descriptions, elle confère aux chants et aux sourates une certaine musicalité fondée sur la répétition des thèmes et des rhèmes.

CHAPITRE XVII

LE STYLE FORMULAIRE

Le style formulaire de l'Iliade et du Coran se reconnaît par la répétition des mêmes formules dans les textes et la récurrence de scènes typiques qui pontuent les récits. Caractéristiques de l'oralité, ces aspects sont visibles et lisibles aussi bien dans les chants de l'*Iliade* que dans les Sourates du Coran.

1) Les formules

Un certain nombre d'expressions toutes faites reviennent de manière récurrente dans les chants de l'*Iliade*. C'est l'américain Milmann Parry qui a été le premier à effectuer des recherches sur ces formules qu'il appelle épithètes homériques. Celui-ci les définit comme « des expressions régulèrement employées dans les mêmes conditions métriques, pour exprimer une certaine idée essentielle »[5].

La formule la plus courante est le groupe noms-adjectifs. Mais un même nom peut être accompagné de différents qualificatifs suivant sa place dans le vers ou sa fonction grammaticale. C'est ainsi qu'Hector est dit tantôt « au casque étincelant », tantôt « le fils de Priam », « le divin ». De même, cette formule varie avec les contextes, ce qui détruit l'hypothèse de Milmann Parry selon laquelle cette épithète est purement ornementale, sans fonction ni signification précise. Ainsi, Diomède, lors des combats, est dit « au puissant cri de guerre ». Mais, lors de l'expédition nocturne

[5] Paris (Milmann), *L'épithète traditionnelle dans Homère*, Paris, 1928, p.16.

de la Dolonie qui exige le silence le plus absolu, les épithètes « divin » et « puissant » sont en usage.

De manière similaire, le Coran utilise des formules mélodieuses qui produisent des effets de litanies et d'incantations. Il s'agit essentiellement des attributs de Dieu qui ponctuent les Sourates :

Il n'existe pas d'autre divinité que Lui.

Le Tout-Miséricordieux, Le Très-Miséricordieux, Le Souverain, Le Saint, Le Très Haut, Le Créateur, etc.

Ces attributs accompagnent les noms d'Allah suivant les contextes où ils illustrent les qualités exprimées.

2) Les membres de phrases récurrents

Force est de mentionner aussi des membres de phrases qui reviennent tout au long du Coran avec des variations exigées par le sens du verset, comme par exemple :

En toute chose, il est le plus puissant II, 106 ; VI, 17 ; V, 1200 ; XXXXVI, 33.

Le verbe « aimer » est particulièrement prisé dans le Coran : Dieu aime les pieux III, 76 ; Dieu aime les bienfaisants II, 1990, Dieu aime les endurants III, 146.

Des fois, ce verbe est utilisé à la forme négative : Dieu n'aime pas la corruption II, 205 ; Dieu n'aime pas les orgueilleux XVI, 23.

Certaines formules rappellent de temps à autre que le Coran est adressé à des hommes :

Ô vous qui croyez LXII, 9.

Ô gens du livre III, 58.

Dis CXII, 1 ; CXIII, 1 CXIV, 1.

En définitive, ces expressions orales démontrent parfaitement que le Coran est une parole divine transmise à l'envoyé de Dieu par l'ange Gabriel.

3) Les scènes typiques

Les commentateurs appellent scènes typiques celles qui reviennent de manière recurrente et avec les mêmes éléments dans les chants. Les plus fréquentes sont la visite d'un héros, le sacrifice aux dieux ou la réunion d'une assemblée. La scène typique la plus classique est assurément l'armement du guerrier qui va au combat. L'*Iliade* consacre à une telle scène quatre passages. Au chant III, Paris revêt ses armes pour aller à la rencontre de Ménélas. Au chant XI, c'est Agamemnon qui lance son offensive. Au chant XVI, Patrocle s'apprête à combattre les Troyens. Quant au chant XIX, il décrit les préparatifs du retour d'Achille pour venger son ami Patrocle. Avec quelques petites variantes, ces scènes se ressemblent dans la composition et même dans l'expression.

De la même manière, le Coran comporte de multiples « scènes typiques » qui sonnent comme des refrains, tant elles sont fréquentes dans les versets. De ce point de vue, la description de la Géhenne[6]ou de l'Eden[7], le châtiment de Coré[8] ou de la femme de Loth[9], la naissance de Jésus ou le récit de la chamelle de Dieu[10] constituent, à n'en pas douter, des « scènes typiques » particulièrement expressives. Mais comme chez Homère, de subtiles variations sont introduites dans les versets, variations qui mettent en valeur tel ou tel aspect, de sorte à rompre la monotonie par la diversité. Ces similitudes que présente le texte coranique avec l'épopée homérique ne sauraient être considérées comme des coïncidences. La présence de la rhétorique grecque est certaine dans les sourates qui sont composées à l'instar des chants de *l'Iliade*. Mais l'argument décisif de cette hypothèse

[6] Gehenne II 206 ; 3 12, 162, 197 ; IV 55, 93, 97, 121, 140, 169, etc.
[7] Eden IX72 ; XII 23 ; XVI 31, etc.
[8] Coré XXVIII 76 ; XXIX 39 ; XI 24, etc.
[9] Loth XI 81 ; XXVI 171 ; XXVII ,54 et sv. , etc.
[10] Chamelle de Dieu VII 73 ; XI 64-65 ; XVII 59, etc.

réside sans nul doute dans l'usage abondant des figures de style grecques dans le Livre Saint de l'islam.

CHAPITRE XVIII

LES FIGURES DE STYLE

Fondée essentiellement sur la mélodie, l'image et la virtuosité verbale, la rhétorique coranique se caractérise par l'usage d'innombrables procédés littéraires qui en rendent le style inimitable.

I. La musique

Art fonctionnel et ornemental, la rhétorique repose sur une esthétique qui met en exergue l'élégance de la phrase et l'agrément musical. Cette musicalité résulte en grande partie d'un langage répétitif qui contribue à fixer oralement le message divin par le biais de certaines figures de style.

1) L'anaphore

C'est la répétition d'un mot ou d'un groupe de mots au début de plusieurs membres de phrase, comme dans la Sourate LXXXI (*Attakwîr*, l'obscurcissement) :

> *Quand le Soleil sera obscurci, et quand les étoiles deviendront ternes et quand les montagnes seront mises en marche et quand les chamelles à terme seront négligées et quand les bêtes farouches seront rassemblées et quand les mers seront allumées et quand les âmes seront accouplées et quand on demandera à la fille enterrée vivante pour quel péché elle a été tuée et quand les feuilles seront déployées et quand le ciel sera écorché et quand le Paradis sera rapproché, chaque âme saura ce qu'elle a présenté.*

L'anaphore caractérisée par la répétition lancinante de « **wa izâ » (et quand**) martèle le rappel obsessionnel du Jour du Jugement dernier.

Le même procédé est utilisé à la Sourate suivante (*Al-Infitâr*, La Rupture) :

Quand le ciel se rompra, quand les étoiles se disperseront, quand les mers confondront leurs eaux et quand les tombeaux seront retournés, toute âme saura alors ce qu'elle a accompli et ce qu'elle a remis à plus tard (LXXXII, 1-5).

La répétition de la conjonction « **izâ** » , outre sa valeur musicale, suggère le bouleversement général de l'ensemble des éléments de l'Univers.

Une autre figure d'anaphore se retrouve dans le verset 82 de la Sourate XVIII (*Al-kahf* La Caverne) :

« Et quant au mur, il était à deux garçons orphelins de la ville et dessous était un trésor à eux et leur père était un homme vertueux. »

Le reprise anaphorique de *kâna* (était) confère au verset une certaine mélodie.

2) L'épiphore

Mélodieuse est aussi l'épiphore (l'inverse de l'anaphore) consistant en la répétition d'un mot ou d'un groupe de mots à la fin de plusieurs membres de phrase, comme dans la Sourate CXIV qui clôt le Livre Saint :

> *Dis : « Je cherche protection auprès du Seigneur des hommes, le Souverain des hommes. Dieu des hommes contre le mal du mauvais conseiller, furtif qui souffle le mal dans les poitrines des hommes qu'il soit un génie ou un homme.*

L'épiphore apparaît ici comme une lapidation verbale de l'homme qui représente le plus grand ennemi de l'homme.

La sourate LXIX débute également par une belle épiphore :

L'Inévitable ! Qu'est-ce que l'Inévitable ? Et qui te dira ce qu'est l'inévitable ?

La chute des versets sur le même mot *al hâqatu* الحاقة met en relief le caractère inévitable du Jour du jugement dernier.

Une très vieille figure d'épiphore se trouve dans la Sourate de « La famille d'Imrân » :

Dis : « O Dieu ! Détenteur de la Royauté. Tu accordes la royauté à *qui Tu veux* et Tu l'arraches de *qui Tu veux*. Tu accordes la puissance à *qui Tu veux* et Tu humilies *qui Tu veux*. Le Bien est entre Tes mains. Tu es omnipotent (III, 26).

Dans ce verset, chaque proposition se clôt sur *man tashâ'u* (qui tu veux). Il en résulte une certaine mélodie accentuant la Toute-Puissance de Dieu qui dispose comme il l'entend de ses créatures.

3) Le polyptote

Le même effet mélodique est obtenu dans le Coran avec le polyptote, c'est-à-dire la réunion de plusieurs formes déclinées ou conjuguées d'un même mot, comme il en est dans la Sourate CIX (*Al-Kâfirûn* Les mécréants) où le verbe '*abada* (adorer) est conjugué à des personnes, des temps et des modes différents, ce qui souligne fortement la tolérance et l'esprit de paix que prône l'Islam :

La Sourate III, 26 est rehaussée par une figure de polyptote :

Dis : « Ô Dieu ! Détenteur de la Royauté. Tu accordes la Royauté à qui Tu veux.

La racine mlk existe ici sous la forme de deux mots : مَلِك *malik :* roi et *mulk* مُلْك royauté. Ce dernier substantif est décliné au génitif (moulki) et à l'accusatif (moulka).

Le polypte a pour effet de rythmer la musique du vers.

> *Dis : « Ô vous les mécréants ! Je ne croirai pas en ce que vous croyez. Et vous ne croyez pas en ce que je crois. Et je ne crois pas en ce que vous avez cru. Et vous ne croyez pas en ce que je crois. A vous votre religion et à moi la mienne » (CIX).*

4) L'harmonie imitative

Admirable est également la figure de l'harmonie imitative que réalise l'alliance intime entre les sons et le sens, comme dans la Sourate IC (Az zalzalah, la secousse) :

Izhâ zulzilati l-ardu zilzâlahâ

Quand la terre tremblera d'un violent tremblement.

Ici, la répétition expressive de la constrictive sonore « z », de la liquide « l » et des dentales « d » et « t », accentuée par les variations vocaliques en « a », « i », « ou », semble reproduire le bouleversement de l'univers entier.

5) L'homéotéleute

L'homéotéleute consiste à employer de suite plusieurs mots qui se terminent avec les mêmes sonorités.

Le verset 112 de la Sourate 9 (At-Tawbah le désaveu ou le repentir التوبة) est construit sous forme d'homéotéleutes qui mettent en valeur l'idée exprimée :

Ce sont ceux qui se repentent, qui adorent, qui louent, qui parcourent la terre ou qui jeûnent, qui s'inclinent, qui se prosternent qui commandent le convenable et interdisent le blâmable et qui respectent les lois d'Allah… et fais bonne annonce aux croyants (IX, 112).

6) La palillogie

La palillogie (ou l'épizeuxe ou la réduplication) consiste à répéter dans une phrase un mot ou un groupe de mots qu'on veut mettre en relief.

Il en est ainsi dans ces versets.

Kallâ izhâ dukkati l-ardu **dakkan dakkan**. Wa jâ a rabbuka wa l-malaku **saffan saffan.**

Prends garde ! Lorsque la terre aura été pulvérisée, pulvérisée entièrement et que ton Maître et les Anges seront venus rang par rang.

La répétition des mots دكا *dakkan* et صفا *saffan*, outre son caractère mélodieux, contribue à jeter la terreur dans le cœur des hommes pour les pousser à se réfugier dans la religion.

Dans la Sourate LXXXXIV, le verset 6 n'est qu'une répétition du verset précédent :

A côté de la difficulté est certes une facilité.
A côté de la difficulté est certes une facilité (LXXXXIV, 5-6).

L'effet de cette palillogie est l'insistance sur l'importance du choix que l'homme doit opérer entre le Bien qui est difficile d'accès et le Mal qui est facile à obtenir.

7) La polysyndète

La polysyndète est une figure qui consiste à relier par une conjonction de coordination tous les termes d'une énumération. Elle produit un effet d'accumulation, d'insistance et de rythmique.

Pour vous, il a assujetti la nuit et le jour et le soleil et la lune et à son ordre sont assujetties les étoiles.

Pareil est l'effet produit par cette polysyndète :

Là seront des trônes élevés et des coupes posées et des coussins rangés et des tapis étalés (LXXXVIII, 13-16)

8) L'anadiplose

L'anadiplose est un procédé de répétition par lequel on reprend au début d'une proposition un mot situé à la fin de la proposition précédente. Telle est la structure de ces deux versets avec le verbe خلق *khalaqa*:

Lis, au nom de ton Seigneur qui a créé, qui a créé l'homme d'un embryon.(IVC, 1-2) L'anadiplose produit un effet d'insistance et de musicalité qui met en relief le Pouvoir incommensurable et infini du créateur.

Une belle figure d'anadiplose est contenue dans la Sourate III C, 2-3 (*Al Qadr* Le décret) :

Et qui te dira ce qu'est la Nuit du Décret ? La Nuit du Décret est meilleure que mille mois.

La grandeur de cette Nuit où le Coran a été révélé est fortement accentuée par la répétition de « laylatoul khadri ».

9) L'épanode

C'est une répétition ayant un caractère obsessionnel, comme dans la sourate IIIC :

> *Certes, nous l'avons fait descendre pendant la Nuit de la Destinée*
> *Et qui te dira ce qu'est la nuit de la Destinée ? La nuit de la Destinée est meilleure que mille mois. (IIIC, 1-3).*

Il est manifeste que la triple mention de (laylatul qadri) souligne la valeur mystique de la Nuit où a été révélé le *Coran*.

Il convient cependant de noter que cette « Nuit » soulève une difficulté astronomique. Dans quel pays faisait-il nuit lorsque le Coran a été révélé ? Doit-on alors considérer que le Coran s'adresse seulement aux habitants de l'Arabie où il a été révélé de « nuit » alors qu'il faisait jour dans une bonne partie du globe terrestre ? Il y a là une véritable aporie théologique !

10) La concaténation (concatenatio)

La concaténation est un procédé de répétition et d'enchaînement par lequel on reprend au début de la deuxième proposition un mot présent dans la première, au début de la troisième un mot présent dans la deuxième, au début de la quatrième un mot présent dans la troisième et ainsi de suite. Il s'agit donc d'une succession d'anadiploses, comme au verset 35 de la Sourate XXIV (La lumière) :

> *Allah est la Lumière des cieux et de la terre. Sa lumière est comme une niche dans laquelle se trouve une lampe. La lampe est dans un verre de cristal. Le verre de cristal est*

semblable à un astre de grand éclat. Son combustible vient d'un arbre béni, un olivier ni oriental ni occidental.

Le verset qui rappelle étrangement les lumières perçues par Er-le- Pamphylien au Xe Livre de *La République* de Platon brille par le jeu des répétitions. Cette concaténation contribue à donner l'impression de lumières qui sont imbriquées les unes dans les autres. La lumière divine n'est l'apanage ni de l'Orient ni de l'Occident mais appartient à toute l'humanité. Aussi la foi doit-elle être guidée par les lumières de la Raison.

11) La parachrèse

Selon Bernard Dupriez, « *La parachrèse ou le paragrammatisme ou le rebondissement est la répétition, coup sur coup, dans un même mot, d'une voyelle* ».

Il en est ainsi de la source appelée Salsabil (LXXVI, 18). Par la reprise de la voyelle « a », les sonorités reproduisent le flot saccadé qui s'échappe de ce point d'eau.

Le premier verset de la sourate IC produit le même effet avec la reprise de la voyelle « i » dans *zulzilati* (tremblera) et la répétition du a long dans *zilzâlahâ* (son tremblement).

La parachrèse contribue à créer l'alliance intime entre les sons et le sens.

La mention de la Géhenne II, 206 produit le même effet onomatopéique du feu éternel dans lequel seront châtiés les mécréants.

12) La paronomase

La paronomase (ou la paronomasie ou la prosonomasie ou l'adnomination) consiste à rapprocher, dans une même phrase, des paronymes, c'est-à-dire des mots dont les sonorités sont très proches :

Le rapprochement des paronymes crée des paronomases expressives et mélodieuses que ne sauraient rendre la traduction :

Yakâdu zaytuhâ yudî'u wa law lam tamsashu ***nârun****. **Nûrun*** *'alâ* ***nûrin***

« L'huile d'olive paraît éclairer sans même que ne le touche le feu. Lumière sur lumière ».

13) Le refrain

Le refrain est la répétition lancinante d'un vers ou d'une expression sous forme de leitmotiv. Ce procédé musical appelé aussi **antépiphore** produit un bercement régulier, comme dans la Sourate LV (*Ar-rahmân* Le Clément) où 31 versets sur un total de 78 répètent cette même question :

Fabiayyi âlâi rabbikumâ tukazzibâni

Lequel des bienfaits de votre Maître nierez-vous ?

L'interrogation oratoire qui s'adresse aux hommes et aux génies souligne toute la générosité de la Providence dans cette Sourate remarquable par la cadence musicale du refrain. Le même procédé est repris dans la Sourate LXXVII (*Al-Mursalât* Les Envoyés) où, à intervalles réguliers, résonne le verset

Waylune yawmaïzine lilmukazzibîna !

Malheur ce jour-là à ceux qui criaient au mensonge !

14) L'allitération

L'allitération est la répétition d'une même consonne ou plutôt d'une même sonorité consonantique dans un vers ou une phrase. Il en est ainsi dans ce verset où le retour intermittent du son H (dans la psalmodie) semble suggérer la persistance dans le péché des infidèles et des associateurs :

Lam yakuni l-ladhîna kafarû min ahli l-kitâbi wal mushrikîna munfakkîna hattâ ta'tiyahumul bayyinah
Les infidèles parmi les gens du Livre, ainsi que les Associateurs, ne cesseront d'être mécréants que lorsque leur viendra la preuve.

15) L'assonance (assonantia)

L'assonance se produit lorsque dans un vers ou une phrase une même voyelle ou plutôt un même son vocalique est répété :

Yâ-Sîn. Par le Coran plein de sagesse. Tu es certes du nombre des messagers, sur un droit chemin.

Yâ sîn. Wa l-qur'âni l-hakîm. Innaka lamina l-mursalîn. 'alâ sirâtin mustaqîm.

Dans ces versets, la reprise de la voyelle i long contribue à souligner la puissance infinie du Message et la véracité du Messager de Dieu.

16) La figure étymologique (figura etymologica)

Ellc pcut êtrc déFinic commc (figura etymologica) « l'utilisation d'un complément d'objet dont le contenu apparaît déjà dans le verbe qu'il complète et qui est fondé la plupart du temps sur la même racine que ce verbe.

« Tournez cent tours, tournez mille tours. (P. Verlaine) . Autres noms : accusatif du contenu, accusatif de la figure étymologique, accusatif d'objet interne, paregmenon ».

Ainsi, au verset 189 de la Sourate VII, se trouve cette expression :

Elle conçut une légère conception. Le verbe et le complément étant des mots de la même famille, il se produit une répétition de sonorités qui met en relief l'idée.

De même, en XXXVII, 88, la figure étymologique suivante est utilisée :

Fanazara nazratan fin-nujûm.

Puis, il regarda d'un regard sur les étoiles.

La figure étymologique est particulièrement mélodieuse tout en constituant un habile procédé d'insistance qui met ici en relief l'égarement des compatriotes d'Abraham.

Toutes ces figures de style se caractérisent par la répétition qui est essentiellement pédagogique, ce qui justifie leur usage dans le Coran qui se propose de guider les hommes sur le droit chemin de l'islam.

II. Les images

Le Coran contient un enseignement qui est présenté de manière concrète. Aux incrédules et aux sceptiques, il est nécessaire de montrer des signes visibles et lisibles. Aussi le style coranique porte-t-il les traces de l'esthétique réaliste fondée sur les figures relatives au sens de la vue.

1) L'antonomase

Il s'agit d'un transfert de sens qui consiste à employer un nom propre pour un nom commun ou un nom commun pour un nom propre :

> *Le Tout Miséricordieux a enseigné le Coran, a créé l'homme et lui a appris la rhétorique.*

Allah est ici désigné par l'un de ses 99 noms sous forme d'antonomase pour mettre en valeur sa grande miséricorde.

2) La comparaison *at-tashbîh*

C'est l'assimilation, à l'aide d'un mot de comparaison, de deux éléments distincts mais unis par certaines analogies.

> *C'est le jour où les gens seront comme des papillons éparpillés.*
> *Et les montagnes comme de la laine cardée. Coran (I, 4-5).*

Ces images du terrible Jour du jugement dernier sont destinées à consolider la foi du musulman. Il en est de même du verset 5 de la Sourate Al-Fîl, L'éléphant CV où l'armée des Abyssins qui tentait de détruire la Ka ba a été lapidée par des oiseaux que Dieu avait envoyés :

Et il les a rendus semblables à une paille mâchée.

Le verset 41 de la Sourate XXIX contient l'image de l'araignée qui en constitue le titre (*Al-Ankabût*) :

Ceux qui ont pris des protecteurs en dehors d'Allah ressemblent à l'araignée qui s'est donné une maison. Or la maison la plus fragile de toutes est celle de l'araignée. Si seulement ils le savaient XXIX, 41.

L'exégèse traditionnelle a vite conclu que le mot « *ankabût* » faisait référence à l'araignée qui aurait sauvé la vie au Prophète et à Abou Bakr réfugiés dans une grotte lors de l'émigration vers Médine. Les poursuivants des fuyards, ayant vu la toile d'araignée recouvrant l'entrée de cette caverne, s'imaginèrent que personne n'y était entré depuis fort longtemps et continuèrent vainement à les rechercher. Ils n'auraient pas su qu'une araignée envoyée par Dieu y avait déjà tissé une toile de protection.

Certes le Coran évoque allusivement cet incident :

Si vous ne lui portez pas secours...Allah l'a déjà secouru, lorsque ceux qui n'avaient pas cru l'avaient banni, deuxième de deux. Quand ils étaient dans la grotte et qu'il disait à son compagnon « Ne t'afflige pas, car Allah est avec nous », Allah fit alors descendre sur lui sa sérénité et le soutint de soldats que vous ne voyiez pas, et il abaissa ainsi la parole des mécréants, tandis que la parole de Dieu eut le dessus. Et Allah est puissant et sage. IX, 40

En réalité, l'araignée, dans cette Sourate, représente une comparaison qui exprime la faiblesse, la petitesse, l'insignifiance.

Du reste, une confrontation du texte coranique avec la Bible explique l'image :

> *Ainsi arrive-t-il à tous ceux qui oublient Dieu, et l'espérance de l'impie périra.*
> *Son assurance est brisée*
> *Son soutien est une toile d'araignée.*
> *Il s'appuie sur sa maison, et elle n'est pas fermée ;*
> *Il s'y cramponne, et elle ne résiste pas.*

Cette assimilation de l'araignée à la vanité, à l'inconsistance est une notion aussi bien grecque qu'arabe.

3) L'euphémisme (*at-tawriya* euphémismos)

C'est une figure qui sert à adoucir les termes pour éviter d'exprimer brutalement une réalité pénible ou une idée choquante.

Pour inviter Joseph à accomplir l'acte sexuel avec elle, Zulika le reçoit dans sa maison, ferme les portes et lui dit :

> *Viens, je suis à toi* **hayta laka** *Coran XII, 23.*

Dans la Sourate *Al-A'râf Coran* VII, 149 la relation sexuelle entre l'homme et la femme est exprimée par le verbe de la 5e forme *taghashshâ* qui signifie « s'envelopper », « s'enfermer ».

وَلَمَّا سُقِطَ فِيٓ أَيۡدِيهِمۡ وَرَأَوۡاْ أَنَّهُمۡ قَدۡ ضَلُّواْ قَالُواْ لَئِن لَّمۡ يَرۡحَمۡنَا رَبُّنَا وَيَغۡفِرۡ لَنَا
لَنَكُونَنَّ مِنَ ٱلۡخَٰسِرِينَ (١٤٩)

> *C'est lui qui vous a créés d'un seul être et il a tiré de celui-ci son épouse afin qu'il trouve de la tranquillité auprès d'elle. Et lorsqu'il s'enferma avec elle, elle porta une légère grossesse.*

Naturellement, le Coran qui est un Livre sacré fait un grand usage de l'euphémisme pour éviter l'érotisme et la pornographie.

4) L'hypotypose (*wasfun mu'aththir* hypotyposis)

Il s'agit d'une description précise et riche qui est censée mettre, sous les yeux du lecteur, de l'auditeur, la scène ou l'objet décrit. Telle est la description vivante que la Sourate LXXVI, 11-21 (*Al-Insân* L'homme) présente du séjour paradisiaque :

فَوَقَىٰهُمُ ٱللَّهُ شَرَّ ذَٰلِكَ ٱلْيَوْمِ وَلَقَّىٰهُمْ نَضْرَةً وَسُرُورًا (١١) وَجَزَىٰهُم بِمَا
صَبَرُواْ جَنَّةً وَحَرِيرًا (١٢) مُّتَّكِـِٔينَ فِيهَا عَلَى ٱلْأَرَآئِكِ ۖ لَا يَرَوْنَ فِيهَا شَمْسًا
وَلَا زَمْهَرِيرًا (١٣) وَدَانِيَةً عَلَيْهِمْ ظِلَـٰلُهَا وَذُلِّلَتْ قُطُوفُهَا تَذْلِيلًا (١٤)
وَيُطَافُ عَلَيْهِم بِـَٔانِيَةٍ مِّن فِضَّةٍ وَأَكْوَابٍ كَانَتْ قَوَارِيرَا۠ (١٥) قَوَارِيرَا۠ مِن
فِضَّةٍ قَدَّرُوهَا تَقْدِيرًا (١٦) وَيُسْقَوْنَ فِيهَا كَأْسًا كَانَ مِزَاجُهَا زَنجَبِيلًا (١٧)
عَيْنًا فِيهَا تُسَمَّىٰ سَلْسَبِيلًا (١٨) ۞ وَيَطُوفُ عَلَيْهِمْ وِلْدَٰنٌ مُّخَلَّدُونَ إِذَا
رَأَيْتَهُمْ حَسِبْتَهُمْ لُؤْلُؤًا مَّنثُورًا (١٩) وَإِذَا رَأَيْتَ ثَمَّ رَأَيْتَ نَعِيمًا وَمُلْكًا كَبِيرًا
(٢٠) عَـٰلِيَهُمْ ثِيَابُ سُندُسٍ خُضْرٌ وَإِسْتَبْرَقٌ ۖ وَحُلُّوٓاْ أَسَاوِرَ مِن فِضَّةٍ
وَسَقَىٰهُمْ رَبُّهُمْ شَرَابًا طَهُورًا (٢١)

Dieu les protègera donc du mal de ce jour-là, et leur fera connaître la beauté et la joie. Il les rétribuera pour ce qu'ils auront enduré, en leur donnant le Paradis et des vêtements de soie. Ils y seront étendus sur des divans, n'y voyant ni soleil ni froid glacial. Ses ombrages les couvriront de près, et ses fruits inclinés bien bas. Et l'on fera circuler parmi eux des récipients d'argent et des coupes de cristal, en cristal d'argent dont le contenu a été savamment dosé. Là, ils seront abreuvés d'une coupe dont le mélange sera de gingembre, puisé à une source intérieure appelée Salsabîl. Parmi eux, circuleront des garçons éternellement jeunes. Lorsque tu les verras, tu les prendras pour des perles éparpillées. Et quand tu regarderas là-bas, tu verras un délice et un vaste royaume. Ils porteront des vêtements verts de satin et de brocart. Ils seront parés de bracelets d'argent. Et leur Seigneur les abreuvera d'une boisson très pure.

Expressive apparaît cette scène paradisiaque. L'hypotypose contribue à rendre les images plus vivantes, plus animées. Tout s'y passe comme si le croyant était déjà introduit au Paradis, ce qui lui confère plus de foi et consolide sa quête spirituelle.

5) L'hyperbole (*al-mubâlagha* hyperbolé)

L'hyperbole (ou l'auxèse ou l'amplification) est un procédé d'exagération qui met en valeur une idée au moyen d'une expression qui la dépasse.

Ainsi, pour souligner l'avidité de l'homme, le Coran (XIC, 20) utilise cette hyperbole :

Et vous aimez les biens d'un amour démesuré.

De même, la beauté de Joseph est si grande que la femme d'Al- Aziz est rendue folle d'amour par lui.

La femme d'Al Aziz tente de séduire son valet ! Il l'a rendue folle d'amour. (XII, 30)

Même les femmes qui se moquaient de celle-ci tombent d'admiration devant la beauté de Joseph au point de se couper les mains par égarement et de l'assimiler à un ange :

وَقَالَ نِسْوَةٌ فِى ٱلْمَدِينَةِ ٱمْرَأَتُ ٱلْعَزِيزِ تُرَٰوِدُ فَتَىٰهَا عَن نَّفْسِهِۦ ۖ قَدْ شَغَفَهَا حُبًّا ۖ
إِنَّا لَنَرَىٰهَا فِى ضَلَٰلٍ مُّبِينٍ (٣٠

Dès qu'elle entendit leur fourberie, elle envoya des lettres d'invitation et prépara pour elles une collation ; et elle remit à chacune d'elles un couteau. Puis elle dit : « Sors devant elles, Joseph ! ». Quand elles le virent, elles l'admirèrent, se coupèrent les mains et dirent : « A Allah ne plaise ! Ce n'est pas un être humain, ce n'est qu'un ange noble ! ».

Lorsque l'hyperbole évoque, comme ici, une chose impossible à force d'exagération, on l'appelle alors « adynaton ».

6) La métaphore *al-istiâra*

La métaphore repose sur un transfert de sens par suite d'une analogie entre deux objets. C'est une comparaison abrégée dans laquelle le mot établissant la comparaison a été supprimé.

Cette figure est récurrente dans le Coran. Aussi a-t-elle été très souvent étudiée par la rhétorique arabe, sous le nom de al-isti âra.

Dans la Sourate II, 223, la femme est assimiliée à un champ en ces termes :

نِسَآؤُكُمْ حَرْثٌ لَّكُمْ فَأْتُواْ حَرْثَكُمْ أَنَّىٰ شِئْتُمْۖ وَقَدِّمُواْ لِأَنفُسِكُمْۚ وَٱتَّقُواْ ٱللَّهَ
وَٱعْلَمُوٓاْ أَنَّكُم مُّلَٰقُوهُۗ وَبَشِّرِ ٱلْمُؤْمِنِينَ (٢٢٣)

Vos épouses sont pour vous un champ de labour. Pratiquez votre labour comme vous le voulez et oeuvrez pour vous-mêmes à l'avance.

Cette métaphore agricole ne peut être comprise que si on la met en relation avec la civilisation grecque et sa conception du mariage qui permet d'assurer à l'homme une descendance.

7) La catachrèse (*al-mizâj*)

La catachrèse est une métaphore qui, à force d'être utilisée par la langue, n'est plus sentie comme telle.

C'est ainsi que le mot عين (*'ayn)* œil désigne habituellement la source comme en LXXVI, 18 :

عَيْنًا فِيهَا تُسَمَّىٰ سَلْسَبِيلًا (١٨)

Dedans, il y a une source appelée Salsabîl.

8) La métonymie (*al-majâz al-mursal*)

La métonymie est un procédé par lequel on exprime une idée par un terme désignant une autre idée qui lui est unie par une certaine relation, par exemple le contenant pour le contenu, comme dans ces versets :

وَيُطَافُ عَلَيْهِم بِـَٔانِيَةٍ مِّن فِضَّةٍ وَأَكْوَابٍ كَانَتْ قَوَارِيرَا۠ (١٥) قَوَارِيرَا۠ مِن فِضَّةٍ قَدَّرُوهَا تَقْدِيرًا (١٦) وَيُسْقَوْنَ فِيهَا كَأْسًا كَانَ مِزَاجُهَا زَنجَبِيلاً (١٧)

Et l'on fera circuler parmi eux des récipients d'argent et des coupes de cristal, en cristal d'argent, dont le contenu a été savamment dosé. Et là, ils seront abreuvés d'une coupe dont le mélange sera de gingembre. (LXXVI, 15-17).

Récipients et coupes sont utilisés ici pour exprimer leur contenu, c'est-à-dire les boissons qu'ils contiennent.

9) La périphrase (*at-tarîd fil kalâm*)

Il s'agit d'une expression qui désigne en plusieurs mots un objet sans le nommer précisément mais en l'indiquant par certaines caractéristiques. Ainsi Muhammed est souvent appelé رَسُولَ ٱللَّهِ *Messager d'Allah* (IX, 81). Dieu lui-même est désigné par la périphrase
Le Possesseur du trône, par l'expression مَـٰلِكِ يَوْمِ ٱلدِّينِ(I, 4) Le Maître du jour de la Rétribution.

La périphrase met en relief un aspect ou un caractère de l'objet ou de l'être évoqué.

10) La personnification (*at-tashkhîs* personnificatio)

C'est l'assimilation d'une chose à un être humain.

Dans la Sourate Saba' سَبَإٍ, Dieu s'adresse aux montagnes et aux oiseaux :

يَـٰجِبَالُ أَوِّبِى مَعَهُۥ وَٱلطَّيْرَ وَأَلَنَّا لَهُ ٱلْحَدِيدَ *Ô montagnes et oiseaux, Répétez avec lui (les louanges d'Allah).*

De même, dans la Sourate LXXIII « L'enveloppé », au verset 14, le Coran annonce

Le jour où la terre et les montagnes trembleront :

يَوْمَ تَرْجُفُ ٱلْأَرْضُ وَٱلْجِبَالُ وَكَانَتِ ٱلْجِبَالُ كَثِيبًا مَّهِيلاً (١٤)

La figure de la personnification contribue à donner vie et sentiments aux objets inanimés.

11) La synecdoque (*al-majâz al-mursal*)

La synecdoque consiste à prendre le plus pour le moins, la matière pour l'objet, l'espèce pour le genre, la partie pour le tout, le singulier pour le pluriel ou inversement.

Il s'agit d'une synecdoque de la partie pour le tout lorsque l'homme est désigné seulement par son âme, comme dans les versets XIC, 27-30 :

يَٰٓأَيَّتُهَا ٱلنَّفْسُ ٱلْمُطْمَئِنَّةُ (٢٧) ٱرْجِعِىٓ إِلَىٰ رَبِّكِ رَاضِيَةً مَّرْضِيَّةً (٢٨)
فَٱدْخُلِى فِى عِبَٰدِى (٢٩) وَٱدْخُلِى جَنَّتِى (٣٠)

Ô toi, âme apaisée, retourne vers ton Seigneur, satisfaite et agréée. Entre donc parmi Mes adorateurs et entre dans Mon Paradis.

C'est en revanche une synecdoque du singulier pour le pluriel lorsque le *Coran* désigne l'ensemble des hommes par le mot « *Insân* ».

ٱلرَّحْمَٰنُ (١) عَلَّمَ ٱلْقُرْءَانَ (٢) خَلَقَ ٱلْإِنسَٰنَ (٣) عَلَّمَهُ ٱلْبَيَانَ (٤)

Le Tout miséricordieux a enseigné le Coran, a créé l'homme.

Toutes ces figures qui sollicitent la vue confèrent au Coran un aspect réaliste qui contribue à effacer les doutes des sceptiques.

III. Les constructions

À travers les procédés variés de la rhétorique grecque, le Coran présente un style inimitable qui participe des miracles de Dieu.

1) L'accumulation

L'accumulation ou conglobation est une figure qui consiste à grouper de nombreux mots de même nature dans une phrase. Ce procédé sert à peindre l'abondance, la variété, le mouvement, l'activité. Ainsi, les diverses qualités des épouses que Dieu est disposé à donner au prophète sont recensées par cette accumulation d'adjectifs C. LXVI, 5:

عَسَىٰ رَبُّهُۥٓ إِن طَلَّقَكُنَّ أَن يُبْدِلَهُۥٓ أَزْوَٰجًا خَيْرًا مِّنكُنَّ مُسْلِمَٰتٍ مُّؤْمِنَٰتٍ قَٰنِتَٰتٍ تَٰٓئِبَٰتٍ عَٰبِدَٰتٍ سَٰٓئِحَٰتٍ ثَيِّبَٰتٍ وَأَبْكَارًا (٥)

« Si jamais il vous répudie, il se peut que son Seigneur lui donne en échange des épouses meilleures que vous, musulmanes, croyantes, obéissantes, repentantes, adoratrices, jeûneuses, déjà mariées ou vierges ».

Nombreux sont aussi les êtres et les choses qui vénèrent Dieu C. XXII, 18 :

أَلَمْ تَرَ أَنَّ ٱللَّهَ يَسْجُدُ لَهُۥ مَن فِى ٱلسَّمَٰوَٰتِ وَمَن فِى ٱلْأَرْضِ وَٱلشَّمْسُ وَٱلْقَمَرُ وَٱلنُّجُومُ وَٱلْجِبَالُ وَٱلشَّجَرُ وَٱلدَّوَآبُّ وَكَثِيرٌ مِّنَ ٱلنَّاسِ ۖ وَكَثِيرٌ حَقَّ عَلَيْهِ ٱلْعَذَابُ ۗ وَمَن يُهِنِ ٱللَّهُ فَمَا لَهُۥ مِن مُّكْرِمٍ ۚ إِنَّ ٱللَّهَ يَفْعَلُ مَا يَشَآءُ *N'as-tu pas vu*

N'est-ce pas que c'est devant Allah que se prosternent tous ceux qui sont dans les cieux et tous ceux qui sont sur la terre, le soleil, la lune, les étoiles, les montagnes, les arbres, les animaux, ainsi que beaucoup de gens ?

La longue lignée de la prophétie se trouve suggérée par l'usage de l'accumulation dans la Sourate de la vache :

قُولُوٓا۟ ءَامَنَّا بِٱللَّهِ وَمَآ أُنزِلَ إِلَيْنَا وَمَآ أُنزِلَ إِلَىٰٓ إِبْرَٰهِۦمَ وَإِسْمَٰعِيلَ وَإِسْحَٰقَ وَيَعْقُوبَ وَٱلْأَسْبَاطِ وَمَآ أُوتِىَ مُوسَىٰ وَعِيسَىٰ وَمَآ أُوتِىَ ٱلنَّبِيُّونَ مِن رَّبِّهِمْ لَا نُفَرِّقُ بَيْنَ أَحَدٍ مِّنْهُمْ وَنَحْنُ لَهُۥ مُسْلِمُونَ (١٣٦)

Dites : « Nous croyons en Dieu et en ce qu'on a fait descendre sur nous et en ce qu'on a fait descendre sur Abraham et Ismaël et Isaac et Jacob et les Tribus, en ce qui fut donné à Moïse, à Jésus, en ce qui fut donné aux prophètes de la part de leur Seigneur. Nous ne faisons aucune distinction entre eux et à Lui nous somme soumis » (II, 136).

2) L'anacoluthe (*fasl balâghî*)

L'anacoluthe est une figure qui consiste à interrompre brusquement une construction en changeant de sujet. Il en est ainsi dans ce verset :

Le voleur et la voleuse, coupez-leur les mains à tous les deux.

L'idée se trouve fortement mise en relief par l'originalité de la tournure.

C'est du reste par une anacoluthe que débute la Sourate de la Vache :

الٓمٓ (١) ذَٰلِكَ ٱلۡكِتَٰبُ لَا رَيۡبَۛ فِيهِۛ هُدًى لِّلۡمُتَّقِينَ (٢)

Alif, Lâm, Mîm. Ce livre, il n'y a pas de doute sur lui, comme voie pour ceux qui sont pieux.

La phrase lancée par le sujet *Ce livre dhâlikal kitâb* est brusquement interrompue par la formule *lâ rayba fîhi* (il n'y a pas de doute, créant ainsi un effet de mise en relief.

3) L'antithèse (*at-tadâdd*)

C'est l'opposition de deux expressions que l'on rapproche pour mieux en faire ressortir le contraste, comme dans ce verset relatif au châtiment de l'au-delà :

إِنَّهُمۡ يَرَوۡنَهُۥ بَعِيدٗا (٦) وَنَرَىٰهُ قَرِيبٗا (٧)

Eux, ils voient le châtiment bien loin et nous nous le voyons bien proche. (LXX, 6-7).

L'opposition entre le ciel et la terre est ainsi exprimée par cette antithèse :

C'est lui qui vous a fait la terre pour lit, et le ciel pour toit.

Une forte opposition est marquée par la figure de l'antithèse, au verset 67 de la Sourate XLIII :

ٱلۡأَخِلَّآءُ يَوۡمَئِذِۢ بَعۡضُهُمۡ لِبَعۡضٍ عَدُوٌّ إِلَّا ٱلۡمُتَّقِينَ (٦٧)

Les amis, ce jour-là, seront ennemis les uns des autres sauf les pieux (XLIII, 67).

4) L'apostrophe (*al-munâjât*)

L'apostrophe consiste à interpeller une personne ou même une chose qu'on personnifie. Le Coran apostrophe de manière récurrente les Croyants :

يَٰٓأَيُّهَا ٱلَّذِينَ ءَامَنُواْ ٱجۡتَنِبُواْ كَثِيرٗا مِّنَ ٱلظَّنِّ إِنَّ بَعۡضَ ٱلظَّنِّ إِثۡمٞ

Ô vous qui avez cru ! Evitez de trop conjecturer sur autrui car une partie des conjectures est péché. IL, 12

Parfois, c'est aux hommes que le Message divin s'adresse :

يَٰٓأَيُّهَا ٱلنَّاسُ إِنَّا خَلَقۡنَٰكُم مِّن ذَكَرٖ وَأُنثَىٰ

Ô hommes ! Nous vous avons créés d'un mâle et d'une femelle.

L'apostrophe a pour effet de rendre le style plus vivant.

Les menaces proférées contre les mécréants sont souvent annoncées par une apostrophe, comme au verset LXVI, 9 :

O Prophète ! Mène la lutte contre les mécréants et les hypocrites et sois rude à leur égard. Leur refuge sera l'Enfer et quelle mauvaise destination ! (LXVI, 9).

5) Le chiasme (*qalbul ibâra* chiasma)

Il s'agit de la disposition croisée de quatre termes, selon les branches de la lettre grecque X : ki, soit ABBA. Cette figure réunit au centre d'une part, aux extrémités d'autre part, des termes de même nature ou de même fonction comme dans ce verset où nous avons : Sujet + Verbe et Verbe + Sujet

Et certes moi je crains le comportement de mes héritiers, après moi, et stérile est mon épouse (XIX, 5).

La perplexité de la situation de Zacharie est fortement soulignée par le chiasme syntaxique : A (Moi) B (crains) B (est) A (mon épouse).

6) La réversion (reversio)

Lorsque le chiasme oppose les mêmes mots deux à deux, c'est-à-dire lorsque des mots qui viennent d'être employés sont repris dans un ordre inverse, il s'agit alors de la réversion ou régression, comme dans ce verset de la Sourate de la Vache (Al-Baqarah البَقَرَة II, 257) :

ٱللَّهُ وَلِيُّ ٱلَّذِينَ ءَامَنُوا۟ يُخْرِجُهُم مِّنَ ٱلظُّلُمَـٰتِ إِلَى ٱلنُّورِ ۖ وَٱلَّذِينَ كَفَرُوٓا۟ أَوْلِيَآؤُهُمُ ٱلطَّـٰغُوتُ يُخْرِجُونَهُم مِّنَ ٱلنُّورِ إِلَى ٱلظُّلُمَـٰتِ ۗ أُو۟لَـٰٓئِكَ أَصْحَـٰبُ ٱلنَّارِ ۖ هُمْ فِيهَا خَـٰلِدُونَ (٢٥٧)

Allah est le défenseur de ceux qui ont la foi. Il les fait sortir de la lumière aux ténèbres. Quant à ceux qui ne croient pas, ils ont pour défenseurs les Tagut, qui les font sortir de la lumière aux ténèbres.

Les termes ténèbres ٱلظُّلُمَـٰتِ et lumière ٱلنُّور sont disposés en chiasme selon le schéma A, ce qui met en relief leur opposition.

Une forte opposition est exprimée par la réversion du verset 27 de la Sourate III :

تُولِجُ ٱلَّيْلَ فِى ٱلنَّهَارِ وَتُولِجُ ٱلنَّهَارَ فِى ٱلَّيْلِ ۖ وَتُخْرِجُ ٱلْحَىَّ مِنَ ٱلْمَيِّتِ وَتُخْرِجُ ٱلْمَيِّتَ مِنَ ٱلْحَىِّ ۖ وَتَرْزُقُ مَن تَشَآءُ بِغَيْرِ حِسَابٍ (٢٧)

Tu insères la nuit dans le jour et le jour dans la nuit. Tu fais sortir le vivant du mort et le mort du vivant.

Admirable est l'expression du chassé-croisé que suggère cette réversion :

قَالُوا۟ يَٰمُوسَىٰٓ إِنَّ فِيهَا قَوْمًا جَبَّارِينَ وَإِنَّا لَن نَّدْخُلَهَا حَتَّىٰ يَخْرُجُوا۟ مِنْهَا فَإِن
يَخْرُجُوا۟ مِنْهَا فَإِنَّا دَٰخِلُونَ (٢٢)

Ils lui dirent : « Moïse, il y a dans ce pays un peuple de colosses. Nous ne pourrons y entrer qu'ils n'en soient sortis : s'ils en sortent, à nous d'entrer ». (V, 22).

7) L'énallage

L'énallage est la substitution à une forme attendue d'une autre forme. Cette figure peut affecter les modes et les temps verbaux, les catégories grammaticales, la personne ou le nombre.

Ceux qui croient en nos signes et sont musulmans, entrez au Paradis, vos épouses et vous.

L'énallage a consisté ici à employer la 3e personne du pluriel (*ceux qui croient*) et à utiliser brusquement la 2e personne du pluriel (*vous*).

C'est ainsi que la « Fatiha » qui s'ouvre sur la troisième personne du singulier se poursuit sur l'invocation de Dieu à la 2e personne :

Louange à Dieu le seigneur des mondes
Le clément, le Miséricordieux
Maître du jour du jugement
C'est toi que nous adorons
Et c'est toi dont nous implorons le secours.

L'énallage de la Sourate X, 22 « Jonas, yunus » est particulièrement expressive :

إِذَا كُنتُمْ فِى ٱلْفُلْكِ وَجَرَيْنَ بِهِم بِرِيحٍ طَيِّبَةٍ

*Quand **vous** étiez en bateau et qu'**ils** voyageaient par un vent excellent….*

8) L'épanorthose

C'est une figure qui consiste à reprendre un terme pour le corriger, le préciser ou le développer, comme dans ces versets :

> *Et quant aux poètes, ce sont les égarés qui les suivent. Ne vois-tu pas qu'ils divaguent dans chaque vallée, et qu'ils disent ce qu'ils ne font pas ? A part ceux qui croient et font de bonnes oeuvres (XXVI, 224-227).*

La précision qui accompagne cette condamnation des poètes sous forme d'épanorthose se justifie du fait que le prophète avait dans son entourage un poète arabe très pieux qui s'appelait Hassane.

9) La gradation (gradatio)

La gradation est une série de termes de même nature et de même fonction exprimant la même idée de manière de plus en plus forte (gradation ascendante ou climax) ou au contraire de moins en moins forte (gradation descendante ou gradation inverse ou anticlimax).

La formulc qui doit précéder tout acte du musulman et qui débute toutes les Sourates, sauf la Sourate IX, est appelée Basmalah. La Sourate IX At-tawbah التّوبَة qui est traduit par Le Désaveu ou Le Repentir, ne commence pas par cette formule puisque certains exégètes la considèrent comme la suite de la Sourate VIII Al-Anfâl, traduit généralement par le Butin mais signifiant certainement « Les offrandes ».

Le *Basmala* est ainsi formulée :

Rahmân (ٱلرَّحۡمَـٰنِ) et *Rahîm* (ٱلرَّحِيمِ)

appartiennent à la même racine mais Rahmân est un intensif. Donc son sens est plus fort que celui de Rahîm. Diverses traductions sont proposées :

> *Au nom de Dieu le Clément, le Miséricordieux.*
> *Au nom de Dieu le Tout-Miséricordieux, le Très Miséricordieux.*

Au nom de Dieu le Tout-Maternant, le Très Maternant, etc.

Pour certains théologiens, « Rahmân » caractériserait la générosité divine à l'égard de toutes ses créatures alors que « Rahîme » serait relatif à sa prévenance envers les seuls croyants. Les dons de la Nature relèveraient du *Rahmân* tandis que la grâce divine participerait du *Rahîm.*

Leurs significations sont donc décroissantes, ce qui produit une gradation descendante ou anticlimax.

En revanche, aux versets LXXXVIII, 2-3, le Coran présente une gradation ascendante ou climax :

Ce jour-là, des visages seront humiliés, préoccupés, harassés.

Ce style ascendant dans les menaces divines constitue un aiguillon de la foi.

10) L'hendiadys

L'hendiadys ou l'hendiadyn ou l'hendiadyin est le remplacement d'un syntagme composé d'un substantif et d'un déterminant par deux substantifs coordonnés :

Nous avons pour eux de lourdes chaînes et un Enfer. LXXII, 12

Il va sans dire que جَهَنَّم (enfer) aurait dû être en état d'annexion, ce qui aurait abouti à cette phrase :

Nous avons pour eux les lourdes chaînes de l'Enfer. Il en est de même de cet hendiadyn :

Allah les récompensera pour ce qu'ils ont enduré, en leur donnant le Paradis et des habits de soie. (LXXII, 12).

Dans ce verset également, le langage courant aurait mis en état d'annexion (Jannat), pour obtenir ce sens :

Allah les récompensera pour ce qu'ils ont enduré, en leur donnant les habits de soie du Paradis.

L'hendiadys, par son étrangeté, frappe l'attention du lecteur.

11) L'interrogation oratoire (interrogatio oratoria)

Il s'agit d'une figure qui pose des affirmations sous forme de questions, comme dans ce verset de la Sourate de la Royauté (Al –Mulk ٱلۡمُلۡكُ) :
ٱلَّذِى خَلَقَ سَبۡعَ سَمَٰوَٰتٍ طِبَاقًاۖ مَّا تَرَىٰ فِى خَلۡقِ ٱلرَّحۡمَٰنِ مِن تَفَٰوُتٍۖ فَٱرۡجِعِ ٱلۡبَصَرَ هَلۡ تَرَىٰ مِن فُطُورٍ (٣)

> *Celui qui a créé sept cieux superposés sans que tu ne voies de disproportion dans la création du Tout Miséricordieux. Ramène (sur elle) le regard.*
> *Y vois-tu une brèche ?*

La réponse est évidemment non. Mais cette dénégation s'en trouve plus fortement marquée par l'interrogation oratoire.

De même, le dernier verset de la Sourate LXXV (Al-Qiyāmah La Résurrection القيامة) représente unc intcrrogation oratoire très expressive qui souligne la puissance divine :

أَلَيۡسَ ذَٰلِكَ بِقَٰدِرٍ عَلَىٰٓ أَن يُحۡـِۧىَ ٱلۡمَوۡتَىٰ (٤٠)

Celui-là n'est-il pas capable de faire revivre les morts ?

Du reste, les exégètes affirment qu'après avoir lu ce verset, le Prophète avait coutume d'ajouter : « *Mais si ! Gloire à Toi, ô Allah* ! »

De même, la Sourate intitulée « Les Fourmis » présente une série d'interrogations oratoires martelées par la formule أَءِلَٰهٌ مَّعَ ٱللَّهِ: Y a-t-il donc une divinité avec Dieu ? (XXVII, 62). La réponse est évidemment non. Ainsi, la négation s'en trouve fortement exprimée.

12) L'ironie

L'ironie est une figure qui consiste à dire le contraire de ce que l'on veut faire entendre. C'est ainsi que le Coran raille les prétentions du pécheur dans la Sourate XXXXIV, il lui est dit :

Goûte ! C'est toi le puissant, le noble !

L'ironie découle ici du contraste entre l'orgueil du mécréant qui prétendait sur terre être puissant et son châtiment qui le réduit à l'impuissance en Enfer.

13) La litote

C'est une figure qui consiste à dire le moins pour suggérer le plus. C'est ainsi que le Coran représente le traitement des mécréants en Enfer.

لَّا يَذُوقُونَ فِيهَا بَرْدًا وَلَا شَرَابًا (٢٤)

Ils n'y goûteront ni fraîcheur ni breuvage.LXXVIII, 24

La litote contribue à accentuer les privations auxquelles seront soumis ceux qui s'étaient écartés du droit chemin durant leur existence terrestre.

Le même effet est atteint dans ce verset de la Sourate Tâ-Hâ XX, 2 :

طه (١) مَآ أَنزَلْنَا عَلَيْكَ ٱلْقُرْءَانَ لِتَشْقَىٰٓ (٢)

Tâ-Hâ Nous n'avons point fait descendre sur toi le Coran pour que tu sois malheureux.XX, 2

En d'autres termes, le Coran est destiné à guider l'homme sur la voie du bonheur.

En général, la litote s'exprime par la forme négative pour mieux affirmer l'idée. Ainsi l'eau du Paradis « *n'est jamais malodorante* » (XLVII, 15 مَّآءٍ غَيْرِ ءَاسِنٍ), ce qui suggère qu'elle est toujours très odorante.

Une litote très expressive se retrouve au verset 68 de la Sourate XLIII :

يَـٰعِبَادِ لَا خَوْفٌ عَلَيْكُمُ ٱلْيَوْمَ وَلَآ أَنتُمْ تَحْزَنُونَ (٦٨)

Ô Mes serviteurs ! Vous ne devez avoir aucune crainte ce jour.Vous ne serez point affligés.

Autrement dit, « *vous serez très heureux* ». La litote contribue ainsi à suggérer le bonheur immense qu'éprouveront les élus de Dieu au jour du Jugement.

14) L'oxymore

L'oxymore (ou oxymoron ou antilogie ou alliance de mots) est un rapprochement de termes de sens contraires. Cette figure, par la surprise qu'elle crée, produit un effet de mise en valeur, comme dans ce verset :

هُوَ ٱلْأَوَّلُ وَٱلْأَخِرُ وَٱلظَّـٰهِرُ وَٱلْبَاطِنُۖ وَهُوَ بِكُلِّ شَىْءٍ عَلِيمٌ (٣)

C'est Lui le Premier et le Dernier, l'Apparent et le Caché et Il est Omniscient (LVII, 3).

15) La subjection (subjectio)

Elle consiste à poser une question à laquelle on répond aussitôt.

Un bel exemple de subjection est fourni par la Sourate Al-Qadr (La Destinée, ٱلْقَدْر III C, 2-3) :

وَمَآ أَدْرَىٰكَ مَا لَيْلَةُ ٱلْقَدْرِ (٢) لَيْلَةُ ٱلْقَدْرِ خَيْرٌ مِّنْ أَلْفِ شَهْرٍ(٣)

Et qui te dira ce qu'est la nuit d'Al-Qadr ?
La nuit d'Al-Qadr est meilleure que mille mois (IIIC, 2-3).

Le même effet se reproduit à la Sourate *Gâfir* Le Pardonnateur XL, 16 :

يَوْمَ هُم بَـٰرِزُونَۖ لَا يَخْفَىٰ عَلَى ٱللَّهِ مِنْهُمْ شَىْءٌۚ لِّمَنِ ٱلْمُلْكُ ٱلْيَوْمَۖ لِلَّهِ ٱلْوَاحِدِ ٱلْقَهَّارِ (١٦)

Le jour où ils comparaîtront sans que rien en eux ne soit dissimulé à Allah. A qui appartient la royauté, aujourd'hui ? A Allah, l'Unique, Le Dominateur. (XL, 16)

Le même système question-réponse se retrouve dans la Sourate *Yâ-Sîn* يس XXXVI, 81 :

أَوَلَيْسَ ٱلَّذِى خَلَقَ ٱلسَّمَـٰوَاتِ وَٱلْأَرْضَ بِقَـٰدِرٍ عَلَىٰٓ أَن يَخْلُقَ مِثْلَهُمۚ بَلَىٰ وَهُوَ ٱلْخَلَّـٰقُ ٱلْعَلِيمُ (٨١)

Celui qui a créé les cieux et la terre ne sera-t-il pas capable de créer leur pareil ? Oh que si !
Et il est le Grand créateur, l'Omniscient.

16) Le zeugme

Il s'agit d'une construction unissant des termes de registres différents, comme le concret et l'abstrait. Cette tournure est aussi appelée Zeugma ou attelage. Un exemple caractéristique de cette figure peut être relevé dans la Sourate *Muhammad* III, 15 :

Il existe là, à leur profit, des fruits de toutes sortes et un pardon de la part de leur Seigneur.

Le concret (fruits) et l'abstrait (pardon) sont unis sous forme de zeugme, ce qui rehausse l'éclat du style.

De même, le verset LXXVI, 11 de la Sourate *Al-Insan* (L'homme) comporte un bel effet de zeugme :

Le concret « splendeur » (nadratane) et l'abstrait joie (surûrune) s'associent pour exprimer le plaisir des sens et du cœur.

En définitive, le Coran représente un livre inimitable, tant ses beautés littéraires puisées dans la fleur de la rhétorique grecque brillent d'un éclat à nul autre pareil.

17) La syllepse

La syllepse consiste à accorder les mots non selon les règles grammaticales mais selon le sens. Ainsi en est-il au verset 135 de la Sourate VI :

قُلْ يَٰقَوْمِ ٱعْمَلُوا۟ عَلَىٰ مَكَانَتِكُمْ

Dis : « Ô mon peuple ! Continuez à agir selon votre méthode ».

Grammaticalement, le verbe « amala » aurait dû être à la 2e personne du singulier, étant donné que le mot est un singulier. Mais, étant donné qu'il s'agit d'un collectif, l'accord s'est fait avec le pluriel.

Le même accord sémantique se retrouve avec cette syllepse C. II, 40 :

يَٰبَنِيٓ إِسۡرَٰٓءِيلَ ٱذۡكُرُواْ نِعۡمَتِيَ ٱلَّتِيٓ أَنۡعَمۡتُ عَلَيۡكُمۡ وَأَوۡفُواْ بِعَهۡدِيٓ أُوفِ بِعَهۡدِكُمۡ وَإِيَّٰيَ فَٱرۡهَبُونِ (٤٠)

> *Peuple d'Israël, souvenez-vous de Mes bienfaits que je vous ai accordés et acquittez-vous de votre engagement envers Moi pour que je m'acquitte de mon engagement envers vous. C'est envers moi que vous devez être pleins d'appréhension.*

L'accord s'est fait dans ce verset selon le sens, d'où l'usage de la 2e personne du pluriel pour le nom collectif « peuple », « race ».

La présence de la culture grecque dans le Coran qui est le sujet de ce livre ne pourra désormais plus être mise en doute. Naturellement, des esprits fermés ne manqueront pas de manifester leur scepticisme ! Une telle attitude serait dommage pour l'islam qui constitue une religion panhumaine.Dieu, à plusieurs reprises, nous enseigne que le Coran n'est qu'un rappel « *zikr* », autrement dit une Sagesse antérieure à la Révélation islamique :

> « *Wa hâza kitâbun anezalnâhu mubârakun mussaddikhul lazî bayna yadayhi.*
>
> *Voici un livre (le Coran) béni que Nous avons fait descendre,* ***confirmant ce qui existait déjà avant lui****.* »*VI, 92.*

S'adressant au Prophète Mahomet(Psl), Allah déclare *:*

> « *Mâ yuqâlu laka illâ mâ qad qîla lir-rusuli mine qablika.*
>
> *Il ne t'est dit que ce qui a été dit aux Messagers avant toi. XLI, 43.* »

A travers la mythologie, l'histoire, la littérature, la philosophie, la philologie et la rhétorique, nous nous sommes proposé de suivre les traces de ce long fleuve hellène qui a irrigué tout le monde arabo-musulman.

Un chauvinisme de mauvais aloi a tenté d'enfermer l'islam à l'intérieur des frontières de l'Arabie pour rejeter toute idée d'apport extérieur. Mais dès le VIIIe siècle, les penseurs mu'tazilites ont cherché à dépouiller le message divin de tout obscurantisme. La tâche était immense car un amoncellement d'exégèses fantaisistes et de commentaires erronés avaient enseveli le texte coranique pour lequel les musulmans ont rarement appliqué le précepte de l'ange Gabriel : « Lis ». Yousseph Seddik a brillamment démontré que le Coran n'avait jamais été lu d'une lecture critique. On s'est contenté de l'étouffer sous un fatras d'histoires à dormir debout destinées à consolider la mainmise d'une dynastie, à justifier un acte politique plutôt qu'à éclairer le texte fondateur de la dernière religion révélée. L'entêtement des théologiens à traduire « nabiyum ummiyum » par prophète illettré au lieu de « prophète de la communauté », de la « Oumma », comme le sens y invite, cache mal une volonté d'obscurantisme. Attitude du reste paradoxale ! Car comment accepter que l'ange ne puisse pas savoir le statut intellectuel de l'envoyé de Dieu au point de s'entendre dire « Je ne sais pas lire » ? Dieu peut-il confier une mission aussi importante à un homme inculte ?

Comment ne pas admettre la diffusion de l'hellénisme dans ces Etats arabes voisins de l'Empire Romain d'Orient qui avait pour langue officielle le grec ?

On ne s'est pas souvent interrogé sur le meurtre du Calife Uthman qui a réalisé la tâche de fixer par écrit le Coran ! Nombreux étaient en effet les enjeux pour l'adoption du texte officiel. Voilà qui explique les tentatives d'abrogation de certains versets de la Révélation. C'est ainsi que la lapidation de l'adultère n'existe nulle part dans le Livre Saint mais des esprits tortueux se sont ingéniés à la promulguer comme loi divine !

Alexandre-le-Grand, désigné par l'expression « l'homme aux deux cornes », en référence à son effigie figurant sur les pièces de monnaie de l'époque, est l'objet d'un bannissement irrévocable du Coran par certains théologiens sous prétexte qu'un païen ne saurait être cité dans le message de Dieu.

C'est mal comprendre le dessein d'Allah ! En choisissant comme modèle l'élève d'Aristote, disciple de Platon, Dieu déclare la fin de la mission prophétique pour la relayer par la mission philosophique. N'est-ce pas Platon qui exigeait que les philosophes fussent rois ou que les rois devinssent philosophes ?

Il s'y ajoute que l'Occident, aveuglé par les préjugés et les complexes, n'a jamais voulu reconnaître les fondements hellènes de cette civilisation arabo-islamique qu'il avait prise en horreur depuis les Croisades. Tout un travail de gommage a été entrepris par les savants européens pour dénier à l'Islam la rationalité grecque afin de dominer et de domestiquer les peuples arabes. Or, la civilisation arabo-musulmane s'est répandue grâce à la science, fruit des efforts gigantesques déployés par les érudits qui ont enrichi leur religion avec l'apport appréciable contenu dans cet arsenal transféré des civilisations qui ont précédé leur époque. Les philosophes musulmans tels Al-kindi, Al-Farabi, Avicenne, Averroès ont tenté de concilier la foi et la raison en s'appuyant sur la pensée grecque. Mieux, ce sont ces mystiques arabo-musulmans qui ont fait redécouvrir à l'Occident les œuvres de Platon et surtout d'Aristote qui ont influencé la réflexion au Moyen-âge et développé les sciences et les techniques européennes. Contre le dogmatisme, et le fanatisme, l'intolérance et la violence, le Coran, qui est un rappel de toutes les sagesses antérieures à l'islam, se veut comme le livre fondateur d'une religion universelle embrassant l'ensemble de la fraternité humaine.

I-Textes de base

Le Saint Coran et la traduction en langue française du sens de ses versets

Al-Madinah Al-Munawwarah 1410 Hégire.

Berque (Jacques), *Essai de traduction du Coran*, Sundbad, 1990.

Denise (Masson) *Traduction française du Coran*, Gallimard, coll. Pleiade, 1967.

Harkat (A) Le saint Coran Beyrouth Liban 2004.

Yusuf (Ali) The holy Qur-an Lahore Pakistan 1983.

II. Ouvrages généraux sur l'islam

GIBB (H.A.R.), *La structure de la pensée religieuse de l'Islam.* Larose, 1950.

MERAD (ALI) *L'exégèse coranique* .P.U.F., Que sais-je ? n° 3406, 1998.

SEDDIK (Yousseph) *Le Coran autre lecture, autre traduction* Editions de l'Aube, 2002.

SEDDIK (Yousseph) *Nous n'avons jamais lu le Coran* Editions de l'Aube, 2004.

III. Mythologie et Histoire

Détienne (Marcel), *L'invention de la mythologie.* Gallimard, 1981.

Grimal (Pierre), *Dictionnaire de la mythologie grecque et romaine.* P.U.F., 1951.

Mossé (Claude) *La tyrannie dans la Grèce antique.* P.U.F., 1969.

Mossé (Claude) *Le citoyen dans la Grèce antique.* Nathan, 1993.

Mossé (Claude) et alii, *Le Monde grec et l'Orient.* t.II, *l'Epoque hellénistique.*P.U.F., 1990.

Romilly (Jacqueline de), *Perspectives actuelles sur l'épopée homérique.* P.U.F., 1983.

Vernant (Jean-Pierre), *Mythes et pensée chez les Grecs, Etudes de psychologie historique.* La Découverte, 1990.

Vidal-Naquet Pierre (en collaboration avec Pierre Levêque), *Clisthène l'Athénien*. Macula, 1964.
Schmidt (J.) *Dictionnaire de la mythologie grecque et romaine*. Larousse, 1965

IV. Littérature et Philosophie

A- Auteurs anciens

Aristophane. *Les Nuées*. (Trad. M.J. Alfonsi, G.F., 1966, t.1.).
Aristote. *La métaphysique*. Trad. J. Tricot. Vrin, 1981.
Aristote *Physique*. Trad. H. Cartern. Paris les Belles Lettrés, 2V. 1969.
Aristote *Rhétorique*. (Trad. M. Dufour, Les Belles Lettres, 1969).
Aristote. *De la génération et de la corruption*. Trad. Ch. Mugler. Paris, Les Belles Lettres, 1966.
Aristote. *Les Topiques*. Trad. J. Brunschwicg. Les Belles Lettres, 1967.
Aristote. *Ethique à Eudème*. Trad. V. Décarie, en collaboration avec R. Houde-Sauvé. Paris/Vrin et Montréal/PUM, 1978.
Callisthène (Pseudo) *Le Roman d'Alexandre*. Les Belles Lettres 1992.
Damascius, *Traité des premiers principes, I. De l'Ineffable et de l'Un*, Les Belles Lettres, 1986.
Héraclite, *Fragments*, trad. Fr. Roger Meunier, Fata Morgana, 1991.
Homère, *Iliade*. Les Belles Lettres. Traduction de P. Mazon 4 vol.1937-38.
Odyssée, Les Belles Lettres. Traduction de V.Bérard 5 vol.
Homère *Iliade* Présentation par Jean Métayer, Dossier par Jean Métayer et Jean Claude Riedinger Traduction, notes par Eugène Lasserre Collection Garnier Flammarion Paris 2000.
Parménide, *Le poème*. traduction française de Jean Beaufret, P.U.F., 1984.
Platon, *Œuvres complètes* tr. fr. de Croisset (AetM) 15 tomes Les Belles Lettres 1949.
Platon, *Apologie de Socrate*, *Criton, Phèdon*.Traduction Léon ROBIN Gallimard 1968.
Plotin. *Ennéades*. Trad. E. Bréhier. Paris, Les Belles Lettres (7 vol.), 1968.

Plutarque, *Vies parallèles, Vie d'Alexandre, Vie de Lucullus.* trad.fr.Jean Grosjean Gallimard, Coll. Pleiade, 1967.

Xenophon. *Les Mémorables.* Trad. P. Chambry. GF, vol. 3, in : OC, 1967.

B - Auteurs modernes

Andrieu (J.) *Le Dialogue antique. Structure et présentation.* Paris, 1954.

Aubenque (P.) *Le problème de l'Être chez Aristote. Essai sur la problématique aristotélicienne.* Paris, PUF, 1982 (1963).

Babut (D.). *La religion des philosophes grecs.* Paris, 1974.

Brisson (Luc), Platon : *Les mots et les mythes.* Paris, Maspéro, 1982.

Cuypers Michel et Gobillot Geneviève *Le Coran* .édition le cavalier bleu Paris 2007.

Droz (Geneiviève) *Les mythes platoniciens* .Editions du Seuil Paris 1992.

Flew (A.G.N.) *God and philosophy.* New-York, 1966.

Goldschidt (V.). *Les querelles sur le platonisme. Platonisme et pensée contemporaine.* Paris, Aubier-Montaigne, 1970.

ROBIN (Léon) *La pensée grecque.* Paris, Albin Michel, 1954.

SAMB (Djibril) *Les premiers dialogues de Platon. Structure dialectique et ligne doctrinale.*

Les Nouvelles Editions Africaines Dakar 1997.

SCHUHL (P.M.) *Essai sur la formation de la pensée* grecque. Paris, Alcan, 1934.

SCHUHL (P.M.) *Platon et l'art de son temps.* Paris, P.U.F., 1952.

SCHUHL (P.M.) *L'Oeuvre de Platon.* Paris 1961.

SHOREY (P.) " The Origin of the Syllogism" .Classical philology, XIX, 1, January 1924.

SCHUHL (P.). *The unity of Plato's Thought.* Chicago. 1904.

TAYLOR (A.E.) Plato : *The Man and his work.* London, 1926.

Vicaire (P.). *Platon : critique littéraire.* Paris, 1960.

Vilhena (V.M.) *Socrate et la légende platonicienne.* Paris, P.U.F., 1952.

Vilhena (V.M.) *Le Problème de Socrate : Le Socrate historique et le Socrate de Platon.* Paris, P.U.F., 1952.

Weil (R.) *L'archéologie de Platon.* Paris, 1959.

West (M.L.). *Early Greek Philosophy and the.* Oxford. 1971. Orient

Woodruff (P.) « *Socrates and Ontology : the Evidence of Hippias Major* .Phronesis XXIII, 1978

Zeigler (G.) : "The Euthyphro Revisited", Pacific Philosophical Quaterly 61, 3, July 1980.

V- Philologie et rhetorique

Al-Tha'âlibî (Abû Mançûr an Nîsabûrî). *Fiqh l-Lugha wa sirr l-Arabyya*, éd.Dâr l-Kutub al.'Ibnyya, Beyrouth s.d.

Atoui (H.) *L'arabe langue vivante* 3 tomes Edicef-Nea 1979.

Bailly (A) *Dictionnaire Grec-Français* avec le concours de E. Egger, édition revue par L. Séchan et P. Chantraine, Hachette, 1950.

Bacry (Patrick) *Les figures de style,* Belin, 1992.

Blachère (Régis) *Eléments de l'arabe classique.* Editions Maisonneuve-Larose, 1985.

Blachère (Régis) et Gaudefroy-Demonbynes (M.) *Grammaire de l'arabe classique*. Paris Maisonneuve et Larose 1975.

Dupriez (Bernard), Gradus : *Les procédés littéraires.* Paris 10/18, 1984.

Elatri (Salah), *Les rapports étymologiques et sémantiques des langues classiques et de la langue arabe.* Thèse de doctorat Université de Lille III 1974.

Fontanier (Pierre), *Les figures de style*. Paris Flammarion, 128, 1977.

Gloton (Maurice), Une approche du Coran par la grammaire

Morier (Henri), *Dictionnaire de poétique et de rhétorique*, Paris, P.U.F., 1961.

Reig (Daniel) *Dictionnaire arabe-français/français-arabe.* Larousse 2004.

Moscati (Sabatino)& coll. *An introduction to the Comparative Grammar of the semitic Languages, phonology and morphologie*. ed . Otto Harrassourtz, Wiesbaden, 1969.

Robin (Christian) « Les langues de la Péninsule arabique », in Revue du Monde musulman et de la Méditerranée. n°61, 1991/1993.

Deuxième partie

Histoire

Troisième partie

Littérature

Quatrième partie

Philosophie

Cinquième partie

Philologie

Sixième partie

Rhétorique

Chapitre XVIII

L'HARMATTAN, Italia
Via Degli Artisti 15 ; 10124 Torino

L'HARMATTAN HONGRIE
Könyvesbolt ; Kossuth L. u. 14-16
1053 Budapest

L'HARMATTAN BURKINA FASO
Rue 15.167 Route du Pô Patte d'oie
12 BP 226 Ouagadougou 12
(00226) 76 59 79 86

ESPACE L'HARMATTAN KINSHASA
Faculté des Sciences Sociales, Politiques et Administratives
BP243, KIN XI ; Université de Kinshasa

L'HARMATTAN GUINÉE
Almamya Rue KA 028 en face du restaurant le cèdre
OKB agency BP 3470 Conakry
(00224) 60 20 85 08
harmattanguinee@yahoo.fr

L'HARMATTAN CÔTE D'IVOIRE
M. Etien N'dah Ahmon
Résidence Karl / cité des arts, Abidjan-Cocody 03
BP 1588 Abidjan 03
(00225) 05 77 87 31

L'HARMATTAN MAURITANIE
Espace El Kettab du livre francophone
N° 472 avenue Palais des Congrès,
BP 316 Nouakchott
(00222) 63 25 980

L'HARMATTAN CAMEROUN
Immeuble Olympia face à la Camair
BP 11486 Yaoundé
(237) 458.67.00/976.61.66
harmattancam@yahoo.fr

L'HARMATTAN SÉNÉGAL
« Villa Rose », rue de Diourbel X G, Point E
BP 45034 Dakar FANN
(00221) 33 825 98 58 / 77 242 25 08
senharmattan@gmail.com

L'HARMATTAN MALI
Rue de Leipzig, face au Palais de la culture,
Porte 203, Badalabougou, Bamako
00 223 20 22 57 24 / 00 223 76 37 80 82
pp.harmattan@gmail.com

657274 - Juin 2016
Achevé d'imprimer par

1livre.com
du rêve à la réalité !